Amway
Partners for a Better Life

図解 ひと目でわかる!

日本アムウェイ

成功を望むすべての人々に
その機会を提供

改訂第2版

日刊工業新聞社編

B&Tブックス
日刊工業新聞社

はじめに

日本経済は今、まさに分水嶺に立たされていると言ってもいい。少子高齢化による人口動態の変化、地方から大都市圏への人口集中など、経済に影響を与える大きなうねりは押しとどめようもない。安倍晋三政権は、この一大変革期をその経済政策である「アベノミクス」で乗り切ろうとしている。国民は2014年の選挙でこの流れを信任した。

アベノミクスは大胆な金融緩和と消費税増税を柱とする税制改革、さらに成長戦略などで形成されている。アベノミクスの評価は15年初頭現在、まだ定まっているとは言い難い。大胆な金融緩和で株高は進んだが、円安については評価が分かれているし、所得が増えない中での消費税の負担感についても議論が分かれているからだ。

しかし、アベノミクスでは金融緩和などとともに、第三の矢の成長戦略の中で「女性の活躍」や「個人事業主の支援」がテーマとして織り込まれている。

私たちが6年ぶりに再度「日本アムウェイ」に着目し取り上げようと考えたのも、実はこのアベノミクスのテーマとアムウェイのビジネスに接点を見出したからである。

終身雇用、年功序列というこれまで日本経済の核となってきた労働の枠組みが崩壊し、非正規雇用として働く労働者が増え、働き方も多様化せざるを得ない。

しかも年金自体が増えず、定年後も労働を続ける選択を迫られる人が多いし、平均寿命80歳と言われる中で、これからは何よりも高齢者層が、社会との接点を持ち続けるための労働がクローズアップされているのは確か。日本アムウェイは、女性の活躍の場の提供や、定年後の労働形態のひとつとして、日本の大きな変化の解決策の一端を担うビジネスモデルと見たからだ。

例えば女性の活躍場では、日本アムウェイのディストリビューターという販売専門の独立した事業主は7割が女性という状況だ。今でも十分に女性を社会進出へと導き、活躍の場を提供していると言えるが、今後、アベノミクスという女性の活躍推進に追い風が吹く中でアムウェイのビジネスが再びクローズアップされる可能性もある。

アムウェイのビジネスは、その販売形態であるマルチレベル・マーケティング（MLM）はディストリビューターが自らの使用実感を含め口コミで製品の良さを伝え、購入してもらう仕組みだ。そして、製品は化粧品や栄養補助食品のサプリメントなど、女性の身近にある日常生活に欠かせない商品が主力である。

ビジネスの労働は時間に制約されない。少子高齢化が問題になっているが、女性にとっては子育てをしながら、また子育ての合間を縫って、アムウェイのビジネスを展開し収入を得ることができる。その柔軟な働き方を選択することができるのである。

それから、問題となっている非正規雇用の拡大と定年後の働き方でも、アムウェイは機会を提供する。

アムウェイでは現在、若年層のビジネスへの参入を積極的に進めている。「XS」という若年層を主体としたエナジードリンクと、これに関連したイベントを展開するなどで、若年層が参入しやすい土壌作りを図っているのだ。

若年層が参入しやすいビジネスの環境整備は、もちろん非正規雇用が拡大し、働き方の多様化への対応という側面もある。しかし、一方では日本の人口動態の変化への対応でもある。アムウェイでも長年、ビジネスを続けているディストリビューターも少なくない。彼らの〝経験知〟を次世代に伝えていくことが非常に重要になっている。経験を積んだディストリビューターとエネルギーを持った若年層の協業。これこそが新しい次のアムウェイ像を形づくることになるかもしれないのだ。

アムウェイのビジネスは学歴、経験、性別に関係なく、いつからでも始められる。また収入が欲しいと思えば積極的に製品を販売したり、ディストリビューターをスポンサリングしたりして、自らのグループを増やすことができ収入拡大にもつながる。それなりでいいと思う人はそれなりの働き方もできる。とても自由で柔軟性を持ったビジネスモデル。時代の変化に合っている。

アムウェイのビジネスは奥が深く、本書でどこまで進化するアムウェイの新たな息吹を感じてもらえるか、自信はない。しかしアムウェイに関心を持っている、ビジネスを始めてみたいと思っている方の理解に少しでも役立てば幸いである。

２０１５年２月

日刊工業新聞社

第1章 経営
高品質とビジネス・オポチュニティを提供

第2章 製品&研究開発
徹底的に品質にこだわる

第3章　ビジネスの仕組み

努力が報われるビジネスを展開

第4章 アメリカンドリームを実現した2人の創立者

アムウェイの生い立ち

社長インタビュー

第1章

経営

高品質とビジネス・オポチュニティを提供

1 ビジネスの手法
マルチレベル・マーケティングとは

ある製品を気に入って使った人が、口コミを通じ、ほかの誰かにもその製品を勧める。勧められた人は愛用者となって、またほかの誰かにも勧める。そして、人の輪が広がりグループを形成する。販売や製品の愛用者の人の輪を築いた人は、その努力の評価として販売利益とともに、ボーナスと呼ぶ報酬を受け取る。店舗もなければ一般消費者に向けた広告宣伝もそれほど多くはない。こんな製品の販売形態をご存知だろうか。

ダイレクト・セリング、いわゆる直接販売とマルチレベル（多層）式の報酬システムを採用した手法で「マルチレベル・マーケティング（ＭＬＭ）」と呼ばれている。日本アムウェイはこの方式の世界企業、米アムウェイの日本の現地法人である。

ディストリビューターと呼ぶ販売者が製品の説明を十分に行い、説明を受けた消費者が製品を十分に吟味しながら購入するというチャネル機能を保有するのが特徴だ。顧客1人ひとりの顔が見える。フェイストゥフェイスで1人ひとりのライフスタイルやニーズを考慮しながら、販売に十分に時間をかける販売方法。例えば高機能の製品や説明型の製品では、消費者の側から見ても便利で助かる販売方式だ。

アムウェイはすでに50年以上も前からこのやり方を確立し、連綿と続けている。

何よりもこのビジネスの重要な点は人と人のつながり。アムウェイの共同創立者の1人、リッチ・デヴォスは「アムウェイは人助けをして初めて何かが得られる」と話す。単にモノを売ったり買ったりするという関係を超え、納得した上で製品を買ってもらい、納得した上で製品を売ってもらう。その努力が報われて報酬を得る。絆が生まれネットワークは拡がってゆく。それがアムウェイ・ビジネスの本質だ。

製品が生まれれば必ず流通が生まれる。ただ、これまで流通の主役だった百貨店やスーパーは今、消費の成熟期を迎え苦闘している。「消費の成熟化を打開するには顧客の、そして売る側の顔が見えるマーケティングしかない」とある証券アナリストは言う。時代はアムウェイに近づいている。

マルチレベル・マーケティング

ディストリビューター(販売者)が製品の説明を十分に行い、説明を受けた消費者が製品を十分に吟味しながら購入するというチャネル機能が特徴

2 平等なビジネス
経験、学歴、性別に関係なく始められるビジネス

「自分のビジネスを持ちたい」「起業したい」そう考える人は多い。しかし、現実は、資本がない、人脈、時間、アイデアがない、あるいは失敗したときのリスクを考えると踏み出せない、そういった理由で実現に至らないことがほとんどなのではないか。もし、あなたがその1人だとしたら、そういった不安要素なしに起業できる機会があったらどうだろう。

アムウェイ・ビジネスを始めるに当たって必要な資金は年会費3600円のみである。また、もし購入した製品に不満があれば一定期間は返品でき、代金は全額戻ってくる。できる限り少ないリスクでビジネスを始められるというわけだ。ビジネスにどれだけの時間を費やすかも本人の自由であり、地域の割り当てや制限もない。当然、ノルマのようなものもない。

あなたが行うことは至ってシンプルだ。カタログを見たり、紹介者（スポンサーと呼ぶ）の説明を聞いたりして欲しいと思った製品を購入する。使ってみて気に入った製品を周囲の知り合いに勧めていく。また、ビジネスについても伝える。その繰り返しの中でグループができてくる。

収入は、あらかじめ公表されている報酬システム（後述のセールス&マーケティング・プラン参照）によって実績に応じて支払われる。明快であり、他人の評価や経験、学歴、性別などで左右されることはない。

アムウェイはジェイ・ヴァンアンデルとリッチ・デヴォスの2人によって創業された。2人はアムウェイ以前にも数多くの事業を立ち上げてきた起業家である。その経験と哲学から「自分自身で成功したいと思っているすべての人に、その機会を提供したい」という考えのもと、このビジネスモデルを作り上げた。

アメリカンドリームを実現したい、自由な環境を手に入れて、自分が理想とする生き方をしたいという人から、副業として、あるいは毎月の家計を少しだけ楽にするため、お小遣い程度の収入を得たいという人まで、さまざまな理由でアムウェイ・ビジネスに参加する。そして、アムウェイは今や世界100以上の国と地域に展開し、300万組以上の人々がディストリビューターとなっている。この実績がビジネスモデルの確かさの証明と言えるのではないだろうか。

誰でも始められるビジネス

熱く語るリッチ・デヴォス

第20回アムウェイ・ナショナル・コンベンション（東京ドーム）でスピーチするリッチ・デヴォス

3 ビジネスグループの形成

人が人を助け、ビジネスの質を高めていく

アムウェイは人と人のつながり、輪を持って成立するビジネスである。これまで見てきたように、アムウェイ・ビジネスはAさんというディストリビューターが新規のBさんというディストリビューターをスポンサリングしたからといって、それだけではAさんは一銭の利益も得られない。ビジネス・収入を大きくするには、製品の流通を大きく広げる努力が必要である。

だからAさんがさらに大きなビジネスを構築しようと思えば、Bさんも売り上げを上げて、収入を得られるように手伝っていくことになる。人との分かち合いを大切にしているアムウェイのビジネスでは、人を助けて初めて何かが得られる。つまり、AさんはBさんが売り上げを上げ、収入を得られるように助け、その見返りとして報酬がもらえるという仕組みだ。

それゆえ、アムウェイのビジネスにおいては常に人が人を助けるという輪ができる。アムウェイではこれをグループと呼んでいるが、アムウェイのビジネスはグループをもって「新しいコミュニティのカタチ」を形成しているといっても過言ではない。グループは小さなミーティングやパーティを開き、「人間形成に必要なことを学んでいる」(ディストリビューターの船曳敦也さん)。

このようなコミュニティでの情報の入・出力を通じて、ビジネスの質を高めていく。それを、このアムウェイのコミュニティは常に実行している。売り方やスポンサリングの仕方を学ぶだけではなく、製品を売るために人のライフスタイルについても考える。ディストリビューターの哲学に触れ、自分の考え方を明確にする。そんな機能を持っている。

日本にも地域を中心としたコミュニティが形成され、これまでは助け合いが行われたり、困り事の際にはともに支援したりするなど少なくとも助け合いの精神はあった。しかし核家族化が進み、従前のコミュニティのカタチは崩れている。隣のおばあちゃんに叱られたり、隣人を助け、助けられたりという相互扶助の精神は希薄化している。

アムウェイのビジネスは同じ目的意識を共有した新たなコミュニティとも言えるが、それは単に利潤追求だけに形成されたコミュニティではない、新しい機能を保有する新しいコミュニティのカタチと言える。

「新しいコミュニティのカタチ」を形成するディストリビューター

グループでミーティングやパーティを開催し、情報を交換したり、製品知識や売り方など、ビジネスのノウハウを入手する

4 企業理念 自由、家族、希望、報われること

アムウェイの共同創立者ジェイ・ヴァンアンデルとリッチ・デヴォスは創業の理念として「自由」「家族」「希望」「報われること」を掲げた。この理念を世界のディストリビューターと共有できたからこそ、アムウェイは50年以上にわたり成長を続けてきたといっても過言ではない。

「自由」。アムウェイのビジネスは、職歴、年齢、性別を問わず、実にさまざまな人が参加している。ディストリビューターのほとんどはセールスや経営の経験者ではない。しかし、世界中の多くの人々はアムウェイ独自のセールス&マーケティング・プランによって自分のビジネスを持つことができた。それだけアムウェイの入口は広い。

アムウェイの唱える自由とは、できるだけ多くの人にビジネス・オポチュニティ（事業の機会）をもたらしたいという意味だ。わずか、３６００円という金額で個人事業主になれる。ノルマも一切なし、タイムカードもない。まさに自分の時間を有効に活用できる。もちろん、自分自身が「自分のボス」になるわけだから、時間をいかに使い、自分をどう動かすは自分次第だが―。

「家族」。アムウェイでは、家族は社会の基盤として人間らしい愛を育み、豊かな人間性や文化を生み出すとしている。アムウェイの共同創立者ジェイ・ヴァンアンデルとリッチ・デヴォスはアムウェイには予期せぬメリットがあるという。それは家族の絆が強くなること。長い間、別々のキャリアを追求してきた夫婦が一緒の仕事をする。子どもたちも自由な起業家精神を学び、「やればできる」という良い手本を見ながら成長していく。またアムウェイでは、子どもが親のビジネスを相続することもできる。子どもの世代が両親のアムウェイ・ビジネスを継ぐ例も珍しくない。

「希望」。アムウェイでは、希望は人生を切り開くエネルギーという。そして、アムウェイはビジネスを興したいという希望を実現する場でもある。新車を買いたい、大きな家に住みたい、子供を大学に進学させたい。人はさまざまな希望を持っているが、これには希望に向かう自分の可能性の扉を開いてほしいとの願いが込められている。

そして「報われること」。人に認められること、努力した成果としてふさわしいものを得ることは、お互いに尊重し合うことで実現する。そうした報われる思いを実感できる場、それがアムウェイのビジネスという。

創業者の理念/ 私たちが目指すもの

アムウェイは、「自由」「家族」「希望」「報われること」からなる
創業者の理念を基にした製品、ビジネス・オポチュニティ、
社会貢献などを通じて、アムウェイに関わるすべての人々の、
より良い暮らしと最適な機会を提供することを目指している

ダグ・デヴォス
日本アムウェイ合同会社社会長
アムウェイ・コーポレーション社長
アルティコア社社長

スティーブ・ヴァンアンデル
アムウェイ・コーポレーション会長
アルティコア社会長

ジェイ・ヴァンアンデル　リッチ・デヴォス
共同創立者

Freedom
自由

自分らしく生きるために必要なのは、精神的にも経済的にも「自由」であること。アムウェイはあなたに「自由」をもたらす

Family
家族

社会の基盤であり、愛を育み、人間性や文化を生み出す「家族」。アムウェイは「家族」を尊重する

Hope
希望

人生を切り開くのに不可欠な「希望」。
アムウェイは可能性への扉である「希望」をあらゆる人に提供する

Reward
報われること

人に認められたり努力に見合ったものを得たときに感じる「報われる」思い。アムウェイは「報い」「報われる」ことでともに成長していくことを尊重する

5 ビジネスシステム 努力に見合った報酬が得られる

アムウェイ・ビジネスの仕組みは、製品を流通させた努力に応じて収入が得られるという極めてシンプルなものである。

例えば、AさんというディストリビューターがAさんというディストリビューターを新規のBさんというディストリビューターをスポンサリングしたからといって、それだけではAさんは一銭の利益にもならない仕組みになっている。そこに製品の愛用者が生まれ、流通が発生して初めて収入を得ることができる。単にディストリビューターの数を増やしただけでは、ビジネスは成立しない。

こうしたことからも、一部の違法なネットワーク・ビジネスやネズミ講、それに類するものとは一線を画していることがわかる。アムウェイは一貫して頑張った人、汗をかいた人が報われる仕組みとなっているのである。アムウェイの収入システムの原則は、この「努力に見合った報酬」である。

また、ネットワーク・ビジネスに対するもうひとつの誤解として、「結局、先に始めた人が得をするシステムなのでは？」というものがある。アムウェイのビジネスは「平等」を原則として掲げているだけあって、後発者、先発者の差はなく、誰でも同じ機会が与えられている。

例えば、アムウェイのディストリビューターに登録すると、アムウェイ製品を標準小売価格の約20～25％オフで購入できる。この割引率は統一されていて、ディストリビューターであれば実績のある人も、今日からビジネスを始めた人も、誰もが20～25％オフで製品を購入し、販売することができる。すべてのディストリビューターに同じ条件を提供している。

しかも、各種のボーナスはディストリビューター1人ひとりの仕事量に対して支払われるため、後からビジネスを始めた人が、先行者を上回ることは十分可能なシステムになっている（後述のセールス＆マーケティング・プラン参照）。

さらに3項でも触れたように、努力したい、頑張りたいという人は、周囲からは惜しみない協力が得られる。わからないことは教えてもらえ、できないことはできるようになるまで手伝ってもらえる。これもアムウェイ・ビジネスの大きな特徴のひとつである。

製品の割引率は誰もが同じ

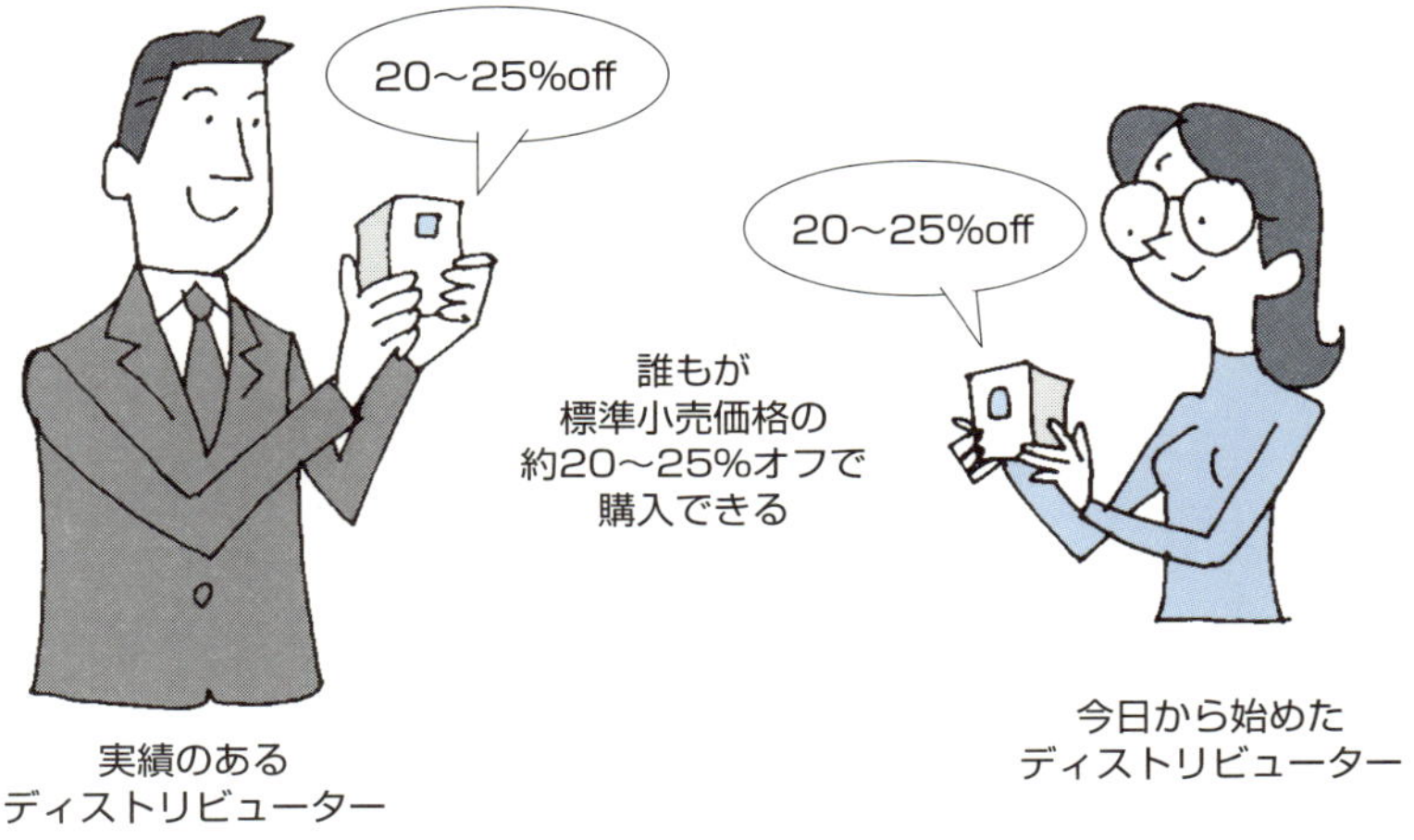

ビジネス開始の早い遅いは関係ない

後からビジネスを始めた人が先行者を上回ることは十分可能なシステム

6 製品クオリティ
製品の質とビジネスが両輪

「アムウェイの製品の良さはよく知っているけれど、アムウェイのビジネスはよく知らない」という声を聞く。アムウェイというビジネスモデルが生まれてから50年以上。連綿と世界中でビジネスが拡大し続けているのは、ディストリビューターが自分の扱っている製品の内容をキチンと相手に伝え、それを使った相手がファンになって、またファンを増やすという循環を繰り返しているからだ。後述するが、それだけモノ作りの確かさに裏打ちされた製品であり、仕組みということだ。

もちろん、アムウェイのビジネスを始める動機は「製品を気に入って、それを相手に勧めたいから」という人もあったり、「夢を実現したかったから」だったり、さまざまである。しかし、基本的に、このビジネスモデルが続いているのは製品のクオリティが高く、しかも取り扱っている製品のほとんどが消耗品であるからだ。

仮に製品のクオリティが低かったならば、50年以上もの間、ビジネスは継続してこなかっただろう。また毎日使うような消耗品ではなく、高額の耐久財ばかりならばディストリビューターが実感として真にその良さを伝え、売ったり買ったりという行為が成立していただろうかと疑問に思う。

アムウェイの共同創立者の1人、リッチ・デヴォスは「なぜ洗剤を売るのか」と聞かれ、それは「(ディストリビューターの方々が)売れるから。毎日使う消耗品だから。誰にでも売れるから」と答えている。単純明快だ。

アムウェイも創業当初は「発電機」などの大型機器を扱い、ディストリビューターが売ったこともある。しかし、リッチによると「売れ行きがあまり良くなかった」という。それ以来、変なプライドは捨てて確実に売れるものに特化したというのだ。

後述するが、アムウェイはモノ作りに、多大な投資をしている。生活に貢献する製品を開発し続けている。これからも、この方針に変化はないと見られている。

製品が良いから、ディストリビューターになって販売する。販売者であるディストリビューターは、販売者である前に一消費者である。この消費者の一員であるディストリビューターが気に入る製品を、アムウェイはこれからも開発し続けることだろう。

品質の高い消耗品

品質の高い消耗品は、消費者にも受け入れられやすいし、
自ら使用するディストリビューターも販売しやすい

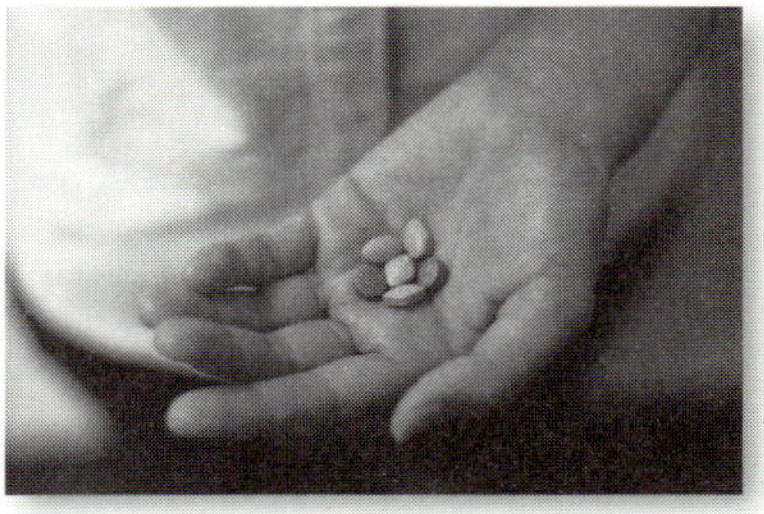

7 責任ある売り上げ

ダイレクト・フルフィルメント

アムウェイが日本で展開を始めて以来約35年。マルチレベル・マーケティング（MLM）の運営上、大きな転換点となったのが1999年。それまで製品の発注はディストリビューターのグループのリーダーが一括して行い、ボーナスもまとめて受給、グループの人たちに分配するという方式をとっていた。

しかし99年に日本アムウェイでは「ダイレクト・フルフィルメント」という制度を導入、発注やボーナスの支給はグループのリーダーを介さずに、日本アムウェイとディストリビューター間の直接取引に変えた。この改革により、ディストリビューター間のボーナスの遅配や未払いという問題が解決し、また、日本アムウェイがディストリビューター1人ひとりの発注状況などを把握できるようになった。

このダイレクト・フルフィルメントの導入で、ディストリビューターとの取引の透明性が高まったことから、現在ではこの仕組みを進化させ、「アーリー・ワーニング・システム」を導入、ビジネスの管理を強化している。

同システムはディストリビューターの登録、発注、支払い、返品状況を常時確認、万が一不適切な点があった場合、関係部署に自動的に通知される仕組み。担当者は当該ディストリビューターやグループへ迅速に対応、問題の拡大を未然に防止し、また早期に解決する狙いだ。

さらに2002年には、アムウェイ・クレジット以外のクレジット利用を禁止した。もともと、日本アムウェイでは、一部の耐久消費財のみクレジット利用を認めていたが、他社のクレジットを利用することにより日本アムウェイで把握できない取引があった。そのため、一部ではクレジット契約をめぐるトラブルの原因ともなっていた。現在はアムウェイ・クレジットに一本化し、契約内容や製品の流れを日本アムウェイで掌握。消費者保護に大きく貢献している。

日本アムウェイは創立の精神である「自由」を尊重、日本国内でも比較的自由なビジネス環境をディストリビューターに提供してきた。しかし、このため1999年以降、会社側がディストリビューターをキチンと管理し、ビジネスがスムーズに展開できるように矢継ぎ早に改革を実施した。これらの改革により、アムウェイ・ビジネスの透明性は格段に高まったと言えよう。

ダイレクト・フルフィルメント

目的	・経理や事務作業からの解放 ・消費者保護

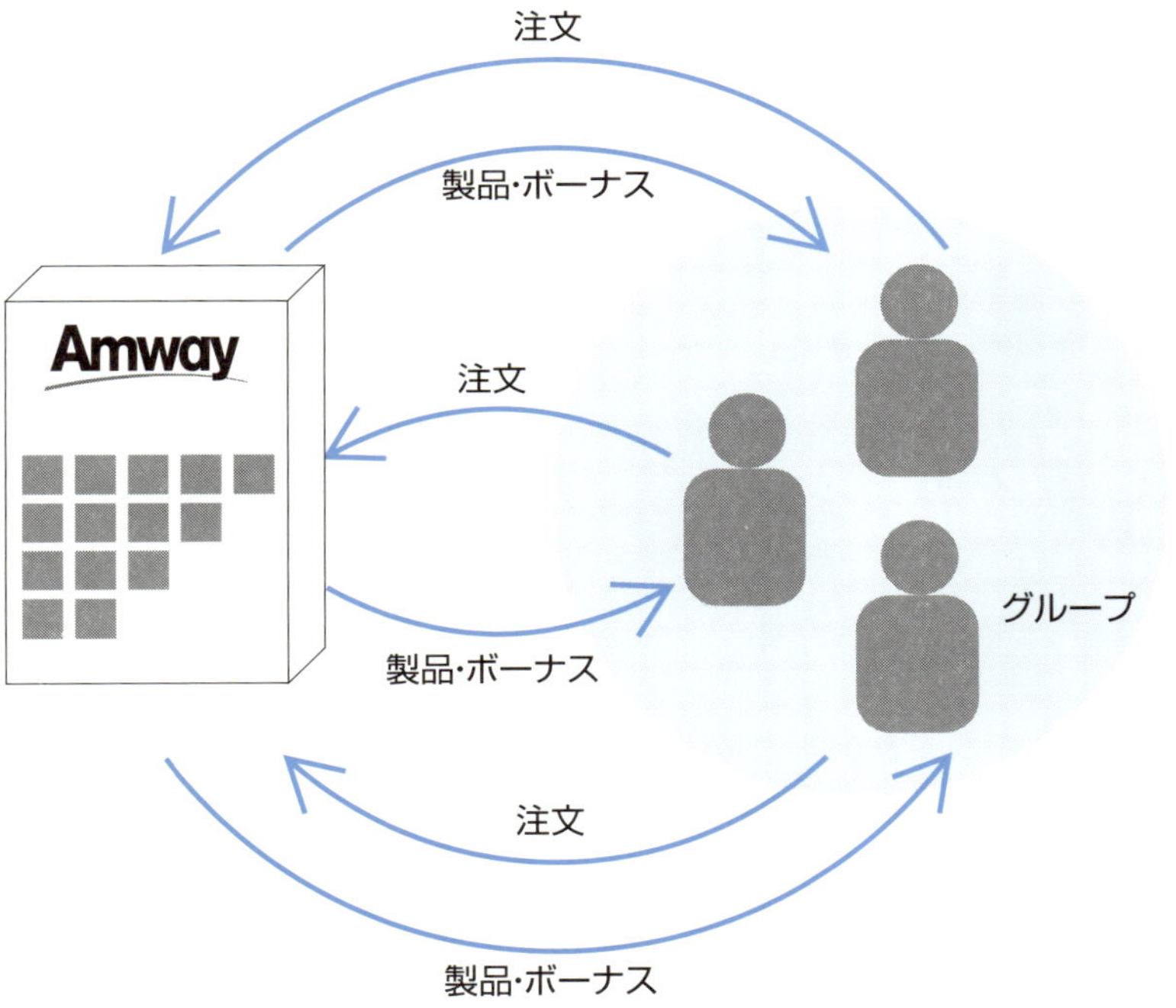

日本アムウェイとディストリビューター間の直接取引

透明性向上への取組み

1999.4	ダイレクト・フルフィルメント導入	ボーナスは日本アムウェイからディストリビューターへの直接支払へ
2002.1	他社クレジット禁止	他社クレジットの使用を止め、アムウェイ・クレジットに1本化
2005.1	目指せ・SPプログラムスタート	SP達成の前にコンプライアンス教育を徹底
2006.9	アーリー・ワーニング・システム導入	ディストリビューターとの取引管理を透明化
2007.1	スポンサー活動資格認定制度スタート	スポンサー活動開始に当たり所定の教育を受けることを義務化

8 ディストリビューター教育
コンプライアンス教育

日本アムウェイは、コンプライアンスの一環としてディストリビューターへの教育に注力する。1人ひとりがアムウェイという看板を背負いビジネスをする以上、たとえ1人のディストリビューターでも不適切な行動をとるようなことがあれば、ほかの人も損害を受けるからだ。

アムウェイのビジネスには気軽に相談できる先輩のディストリビューターがまわりにたくさんいるだけでなく、日本アムウェイでは多彩なセミナーや支援制度、ビジネスサポートツールなどを数多く用意している。ディストリビューターとして登録した後、ビジネスをスタートさせるにはテキストとWebページで「アムウェイ・ビジネス・セミナー」を受講。コンプライアンスについての基礎知識を学び、「スポンサー活動資格」を取得する。この資格がないと、相手が登録するかどうかにかかわらず、アムウェイ・ビジネスやアムウェイ・ディストリビューターになることを進めるといったスポンサー活動ができない。ビジネスの入口段階から、このような教育を行うことは業界でも初の試みだった。現在は毎年、遵守すべき内容を確認し、テストを受けてスポンサー活動資格の更新をする必要があるほか、急成長しているグループには、コンプライアンスの特別プログラムを設けて法令・遵守のセミナーなども行うという厳格な運用である。

アムウェイ・ビジネスで最初のリーダー資格である「SP（シルバー・プロデューサー）」を達成すると本社のセミナーに招待され、歴史からベスト・プラクティス（お手本行動）までを改めて学ぶ。セミナー参加により正式にSP資格の認定となる。さらに上の「DD（ダイレクト・ディストリビューター）」を達成した後には「ニューDDセミナー」に招待され、祝福と表彰を受けるとともに関連法規やルールなどコンプライアンスに必要な事項を体得する。このニューDDセミナーの参加と、そこで行われる「DD資格認定試験」に合格することは、DD資格を正式認定されるための必要条件となっている。

アムウェイ・ビジネスでは、誰もがいつでも事業を始められる。しかし、ただ製品を売ればいいというわけではない。守るべきルールや法律、マナーがある。いわばコンプライアンスをキチンと守るために必要なことをディストリビューターは、これらの機会に身につけるのである。

アムウェイ倫理綱領

1. ディストリビューターは、自分の行動が、自分自身のビジネスのみならず他のディストリビューターのビジネス、ひいてはアムウェイ・ビジネス全体のイメージ形成にとって大きな影響を持つものであることを認識し、法を遵守し、円満な人格、率直さをもって、良き市民として常に責任ある行動をとらなければなりません。

2. ディストリビューターは、アムウェイ商品およびアムウェイ・ビジネスを他人に紹介する際には、真実のみを正直な態度で説明するものとします。

3. ディストリビューターは、何よりもお客様を大切にしなければなりません。万一、お客様から商品に関する苦情を受けた場合には、アムウェイの規定に従い、謙虚な態度で迅速に処理することが必要です。

4. ディストリビューターは、このビジネスが良好な人間関係のもとに信頼関係を醸成した上で成り立つビジネスであることを自覚し、常に相手の立場を尊重し、真摯な態度で対応しなければなりません。

アムウェイ行動規準

この行動規準は、アムウェイ・ビジネスとディストリビューターの行動に関する規則です。ディストリビューターは、健全なアムウェイ・ビジネスの維持・発展のために、この行動規準を誠実に遵守しなければなりません。

規則1　ディストリビューター資格取得
規則2　ディストリビューターの責任と義務
規則3　スポンサーの責任と義務
規則4　スポンサー系列の保全
規則5　ミーティング開催、ビジネス・サポート・マテリアル（BSM）
規則6　スポンサー活動と販売活動
規則7　アムウェイの商標などの使用
規則8　資格の承継
規則9　ビジネス活動の確認
規則10　違反に係る措置
規則11　解約・失効後の処分
規則12　異議申し立て

9 社会貢献活動 子どもたちに夢を与える活動を世界中へ

アムウェイの社会貢献活動の中でも、世界的な広がりを見せるのが「アムウェイ One by One（ワンバイワン）」だ。2003年に開始し、現在では世界で100を超える国と地域で活動が進む。「支援を必要とする子どもたちに夢や希望、自信を与えられるような機会を作り、周囲の人々や地域社会にも働きかける」ことが目的だ。

日本アムウェイでは03年に、「One by Oneこども基金」（現在は改称）という名称でスタートし、現在は東北復興支援を主軸とした活動を行っている。フード製品やペット製品の購入額からの10円と、日本アムウェイのマッチングによる「10円募金」のほか、一口1000円を定期的に寄付する「MY月 支援金」などを通じて、ディストリビューターや社員からの募金活動を展開してきた。

なお、日本における14年度のOne by One活動の実績は、支援金額が1億470万円、支援した子どもの人数は5861人、ボランティアに費やした時間は10001時間に上る。

一方、「アムウェイ One by One」の世界における主要国での取り組みにはそれぞれ特色が見られる。

中国では障がいがある子どもたちに治療を施す「平安医療養護院」を設立した。また、ディストリビューターが小学校で移民の子どもたちのためのプログラム「サンシャインプロジェクト」に協力するなどしている。

インドでは、点字教科書を出版した。約200万人いるといわれるインドの視覚障がいの子どもたちに配布し、学習支援を行っている。

韓国では栄養失調の子どもたちへの学習支援や被虐児の緊急避難所への支援を行っているほか、農村の子どもたちにグラウンドを建設し、スポーツ教室を提供。子どもたちの体力作りに役立てられている。

一方、米国では、子どもたちのために遊び場を建設したり、障がいのある子どもたちの自立のためにヘルスサービスと人材サービスを提供する非営利団体に寄付したりしている。ちなみに世界のアムウェイOne by One活動実績は、寄付した基金が2億5000万ドル以上、支援したこどもの人数1200万人、ボランティアの時間も350万時間を費やしているという。一企業でこれだけの規模で社会貢献をしているところは世界中でも例がない。

世界のアムウェイOne by One活動

中国
障がいのある子どもたちに治療を施す「平安医療養護院」を設立

インド
約200万人とされる視覚障がいの子どもたちに点字教科書を出版し配布

韓国
栄養失調の子どもたちへの学習支援や、被虐児の緊急避難所への支援を実施

米国
遊び場を建設するほか、障がいのある子どもたちの自立のためにヘルスサービスと人材サービスを提供する非営利団体に寄付

日本アムウェイのOne by Oneマッチング基金の仕組み

フード製品やペット製品の購入額から10円が基金として積み立てられ、さらに日本アムウェイも「マッチング基金」として同額を拠出して運用している

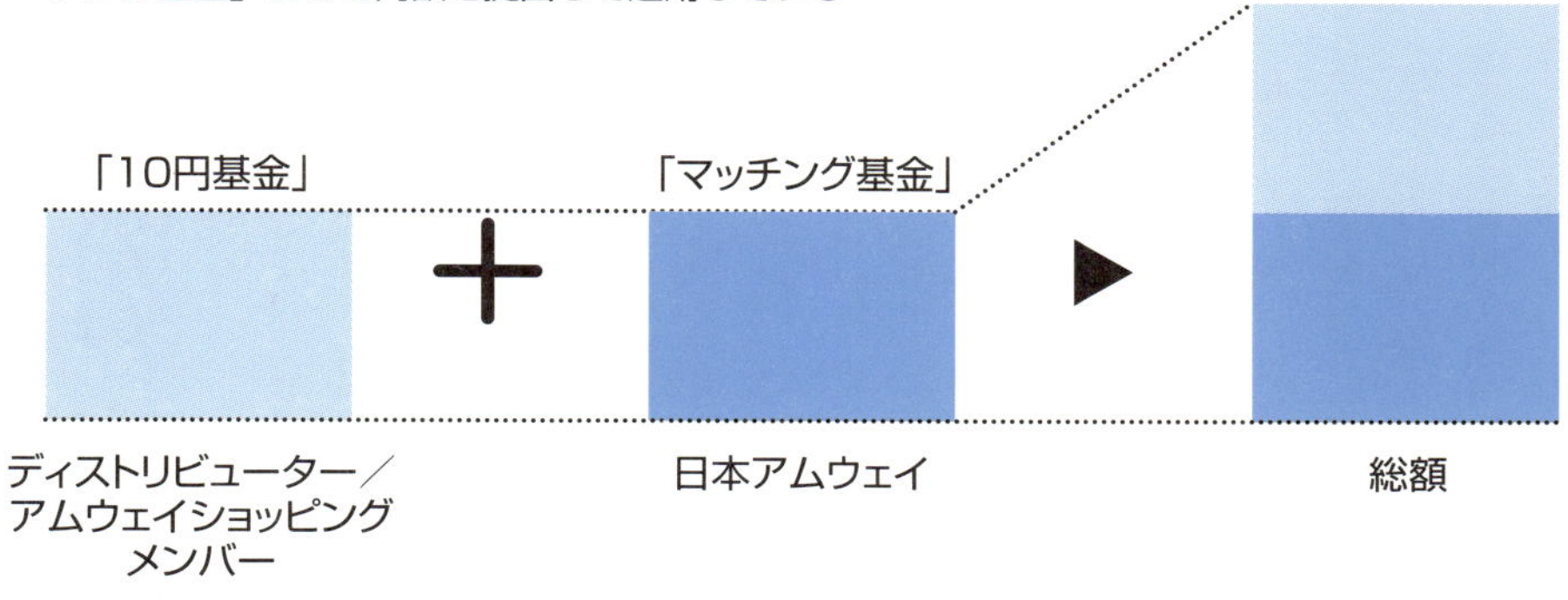

これまでのアムウェイOne by One実績（グローバル）

希望と機会を与えた子どもたち	1,200万人
子どもたちへ費やしたボランティア時間	350万時間
子ども向けプログラムへの寄付	2億2,500万ドル

10

東日本大震災復興支援

苦境に立たされている人の存在を忘れない

日本アムウェイが2012年から始めた東日本大震災の被災地支援プロジェクトが「Remember　HOPE（希望を忘れない）」だ。被災者を決して忘れないこと、希望を届けることの2つの理念を軸に地域コミュニティの再生を支援する活動だ。13年には同プロジェクトを公益性、透明性をもって長期的に支援するため、「一般財団法人 日本アムウェイOne by One財団」を設立。マッチング基金を全額この財団に寄付し、東北を長期支援する方針を掲げている。

活動の中心となるのが「アムウェイハウス」、いわば公民館のような存在。3～4年をかけて被災地に8～12棟を建設していく。15年1月末現在、宮城県の南三陸町、福島県の相馬市に建設されている。被災地の外にいると、復興は順調に進んでいるように見える。しかし、震災から4年が経過した14年7月10日現在で、まだ全国に24万7000人以上もの人が避難生活を余儀なくされている。

アムウェイでは「私たちにできることは何か」を考えた末、出した答えがコミュニティの再生だった。コミュニティハウスを建設してみんなが集える場を提供し、多くのイベントを通じて復興エネルギーの発信源にしたい考えだ。

13年に建設された「南三陸ポータルセンター アムウェイハウス」。初めて開催されたイベントが「福島キッズ」だった。震災の影響によりなかなか外で自由に遊ぶことができない福島県の子どもたちが、家族とともにアムウェイハウスに招かれ、南三陸の自然を楽しんだ。

「ママサロン」も開いた。仮説住宅で暮らす母親向けにダンス教室や料理教室を開催した。このほか、季節に応じてハロウィーンパーティや秋祭りなども開催された。南三陸町は小さい町だが、これまで毎月2500人から3000人の人々に活用されている。2000人以上ものディストリビューターや社員がボランティアとして参加し、2700時間以上もボランティア活動を行った。

そして14年11月には「アムウェイハウス相馬　さとばたけ報徳センター」がオープン。地元のNPO団体と協力し、住民の交流の場として運営を開始している。放課後の児童たちに学びや遊びの場として開放する。さらに15年には、岩手県大槌町に第3棟目となる「大槌アムウェイハウス（仮称）」もオープンする予定だ。

コミュニティハウス

2013年8月、南三陸町に初のアムウェイハウスが誕生。多くの子どもたちや家族が集い、絆を再生する安全な場所として活用されている

仮設住宅で暮らしている母親向けに、ダンス教室やお料理教室を開催
(南三陸ポータルセンター アムウェイハウス)

100人以上の子どもたちがハロウィーンパーティとお化け屋敷を楽しんだ
(南三陸ポータルセンター アムウェイハウス)

2014年11月にオープンした「アムウェイハウス相馬 さとばたけ報徳センター」

11 本社 子どもの頃の夢を叶えた本拠地

アメリカンドリーム。米アムウェイの本社は、まさにそう呼ぶに相応しい本社だ。ミシガン州エイダ出身で同じ夢を描いて事業を始めた2人の若者、ジェイ・ヴァンアンデルとリッチ・デヴォスがアムウェイを創設して以来、半世紀以上。アムウェイ・コーポレーションを傘下に持つ持ち株会社、アルティコア社は今ではアムウェイのビジネスからeビジネスなどにも領域を広げ、現在100以上の国や地域に存在する関連会社を通じ製品、ビジネスの機会や製造、流通のサービスを提供するグローバルな企業になった。

このアルティコアの本社はもちろん、創立者2人の故郷であるミシガン州エイダにある。敷地面積は実に約300エーカー。敷地内には研究開発ビルのほか、各種工場（液体、プラスチック、化粧品、パーソナルケア、紙製品など）、倉庫、事務施設などが配置されている。従業員数は全世界で2万人以上（2014年12月現在）だ。

ここを本拠にアムウェイの有力製品は世界に送り出されているが、その数は今では450以上。すでに100以上の国と地域（14年12月現在）でビジネスを展開している。全世界のディストリビューターの数は約300万組以上。売上高は約108億米ドル（14年12月期）の規模であり、押しも押されもしない製造から販売まで自己完結型製造流通業のサクセスストーリーと言っていい。

特にアムウェイのビジネスサクセスストーリーを象徴するのが、ミシガン州グランド・ラピッズの街にそびえ立つ29階建ての「アムウェイ・グランド・プラザ・ホテル」のタワー。客室は実に682もある。創立者であるジェイとリッチのグランド・ラピッズの街を世界中に有名にしたいという少年時代からの夢は、このホテルのタワーを手に入れたことで実現した。

アルティコア社はアムウェイ・コーポレーションを所有するほか、アムウェイの共同創立者リッチ・デヴォスがオーナーである全米プロバスケットボール協会の「オーランドマジック」の本拠地（フロリダ州オーランド）には、アムウェイの名を冠するバスケットの殿堂アムウェイ・センターも存在する。アムウェイ関連会社などの製品を開発、製造する「アクセス・ビジネス・グループ」も持つ。

アムウェイ・コーポレーションの沿革

1959年	ジェイ・ヴァンアンデルとリッチ・デヴォスが共同創立者となって、アムウェイ・コーポレーションを設立
1962年	ニュートリライト・ブランドをアムウェイディストリビューター向けに発売
1965年	「サテニーク」ブランド製品の発売
1968年	「アーティストリー」ブランド製品の発売
1971年	オーストラリアにアムウェイ事業を拡大
1972年	ニュートリライト製品の製造元、ニュートリライト・プロダクツ社を子会社として傘下に収める
1973年	ヨーロッパ圏にアムウェイ事業を拡大
1974年	アジア地域にアムウェイ事業を拡大
1979年	日本アムウェイ開業
1980年	全世界のアムウェイで売上高が10億ドルを超え、11億ドルを達成
1985年	中南米地区にアムウェイ事業を拡大
1991年	東欧圏最初の拠点となるハンガリー・アムウェイ開業
	南米最初の拠点となるブラジル・アムウェイ開業
1992年	ニュートリライトがメキシコ ハリスコ州に 900エーカーの肥沃な土地を購入、エル・ペタカル農場の開拓
1995年	スティーブ・ヴァンアンデルが会長に就任
	中国アムウェイ開業
1999年	アムウェイ・コーポレーション創業40周年
2000年	「eSpring」 浄水器および「LOC Plus」の発売開始
	アルティコア社設立
2002年	ダグ・デヴォスが社長に就任
2003年	「One by One こども基金」設置
2004年	ジェイ・ヴァンアンデル死去（80歳）
2005年	ロシア・アムウェイ開業
2008年	ベトナム・アムウェイ開業
2009年	アムウェイ・コーポレーション創業50周年

ミシガン州エイダにある広大な敷地を持つアムウェイの本拠地

12

対外活動
親子2代で全米商工会議所会長

アムウェイの創立者は2人いる。ジェイ・ヴァンアンデルとリッチ・デヴォス。この2人が共同でアムウェイを創立した。2人は共同でアムウェイを発展させたが、同じように子息がいて、2人の子息が揃ってアムウェイを継いだ。2代続けて共同経営者に就任した。共同経営者の親子2代が社業を発展させるという例は世界を見ても珍しい。しかし、それ以上に珍しいのはジェイとスティーブのヴァンアンデル親子は、2人が揃って全米商工会議所という米国の一大民間団体の会長を務めたという経歴だ。

現在アムウェイの会長であるスティーブ・ヴァンアンデルの父親ジェイ・ヴァンアンデルは、全米商工会議所会長を1979年から80年の1年間、スティーブは2000年から01年までが副会長、そして01年から02年まで会長を務めた。

全米商工会議所といっても聞き馴染みのない方も多いだろうが、実は全米300万事業所を代表する民間の経済団体であり、米国最大の組織なのである。日本では経済団体といえば日本経済団体連合会（経団連）、経済同友会、さらに日本商工会議所などがあり、それぞれ経団連が大企業の集合体、日本商工会議所が中小企業の声を政治、政策などに反映させる役割を担っている。しかし、米国では全米商工会議所が最大の民間の団体であり、その影響力は小さくない。

全米商工会議所の歴史は古い。遡《さかのぼ》ること約100年以上前、米国全体のビジネスの利益を守るという名目で1912年、700からなる全国の商業、通商の組織が統一化され、現在の商工会議所の母体が組成されている。以来100年以上の歳月の間に、あらゆる規模、業種、地域にある300万事業所が加盟、現在3000の各州の支所、地方会議所で構成され、海外にも90の支所を持つに至る。

2代目のスティーブが会長を務めた01年から02年は「健康保険の適正な適用拡大」「中小企業の減税措置」「正当な活動を行っている企業に対する不当な集団訴訟の防止」「国際取引に関する関税、その他の障壁の撤廃」「議会と協力して効果的、総合的な全国的なエネルギー戦略の策定」などが主たるテーマとなっていたようで、スティーブはこうした問題に取り組み、成果を上げたと日本アムウェイでは話している。

ヴァンアンデル親子

親子で全米商工会議所の会長を務めた

父のジェイ（左）

息子のスティーブ

TOPICS

スティーブ・ヴァンアンデル（アムウェイ・コーポレーション会長）が全米商工会議所会頭に選任されました

uschamber.com

世界最大の事業者団体で、あらゆる規模、分野、地域で300万以上の企業と団体を代表する全米商工会議所。2001年6月13日に開催された同団体の理事会で、アムウェイ・コーポレーションの会長であるスティーブ・ヴァンアンデルが、2001年～2002年期の会頭として選任されました。任期は、2001年6月から1年間です。

スティーブ・ヴァンアンデルは、すでに5年前から全米商工会議所の理事として加わっており、2000年～2001年期には副会頭を務めたほか、全米商工会議所の下部組織の

した。

任期の1年間のうちにアメリカ合衆国内および海外を広く訪れ、各州・地方自治体の商工会議所をはじめとした各種団体を訪問し、経済、免税制度などの重要課題について啓蒙に努める予定です。

全米商工会議所は今後1年間の主な課題として、健康保険の適正な適用の拡大、中小企業の減税措置、正当な活動を行なっている企業に対する不当な集団訴訟の防止、国際取引に関する関税その他の障壁の撤廃、および議会と協力して

なお、アムウェイ・コーポレーションの共同創立者で父親のジェイ・ヴァンアンデルも、1979～1980年期に全米商工会議所会頭を務めていたため、親子二代にわたりこの要職に就くこととなりました。

スティーブ・ヴァンアンデル
Steve Van Andel

全米商工会議所の会長に選任されたスティーブ
（Amagram、2001年8月号）

全米商工会議所

1912年	700からなる各地の商業・通商の組織が統一化され誕生
1948年	在日米国商工会議所が米国企業40社により設立される
1979年	ジェイ・ヴァンアンデルが会長に就任
2000年	スティーブ・ヴァンアンデルが副会長に就任
2001年	スティーブ・ヴァンアンデルが会長に就任
2013年	スティーブ・ヴァンアンデルが会長に就任
現在	300万もの事業所を代表し、各州に3000の支所や地方会議所を持つ。海外にも、90の支所を持つ

13

起業意識調査

ビジネスのきっかけ作りを教育で支援する

日本人の起業意識は世界38カ国で最下位—。日本アムウェイは、米本社が実施した世界38カ国を対象にした「起業に関する意識　国際比較調査2014」の結果を発表した。同調査は09年、アムウェイ・ヨーロッパにより起業に対する意識や各国の環境を質的に測定する広範囲な調査「アムウェイ起業精神レポート」として開始された。以降、毎年主要テーマを変えて調査している。14年の調査では起業家精神に欠かすことのできない重要な要素である「起業教育」に焦点を当てた。マインドさえあれば誰もが起業できるアムウェイのビジネススタイルであるからこそ調査できる内容と言える。その詳細を紹介しよう。

14年の調査は、世界38カ国の計4万3902人が対象(このうち日本では男女1200人)。調査ではまず自分自身が起業する意識(起業ポテンシャル)を持っているかを聞いた。しかし、その割合は日本ではわずか15%と集計国中で最下位という結果だった。また起業精神は教わるものか、生まれつきの資質かを聞いた設問では、58%の日本人が起業家になるのは生まれながらの資質によると考えており、6割以上の人が起業家精神は自身の学習や努力で身につくとしている諸外国と対照的な結果だった。

起業教育が実施されるべき場所などを聞いたところ、諸外国では学校が起業教育の最も重要な担い手と認識しているのに対し、日本では起業教育は個人が自身の責任で学習すべきと考える人が大半を占めた。大学や高等教育機関などでの起業教育は最も縁のない場所と認識されている。

学校や大学、その他の機関による起業教育に対する意見を聞いた設問では「不十分」(44%)と「十分ではないが取り組みを評価できる」(33%)の合計が77%に上り、既存の起業教育に不満を持っていることがわかった。

調査結果にコメントした早稲田大学ビジネススクール教授で、日本ベンチャー学会副会長の東出浩教氏は「日本の大学、大学院生の一般的な傾向はほとんどが優良企業に就職するか、公務員として働きたいと望んでいる。学校での起業教育が機能しない背景には知識、記憶中心の教育に偏り、起業教育と共存しづらい状況を作っている。本来、起業家精神や起業家的行動は学習によって育成できる。必要な要素の60～70%程度は教えることができる」とし、教育機関などでの起業教育の向上が必要と指摘している。

アムウェイ グローバル アントレプレナーシップ レポート

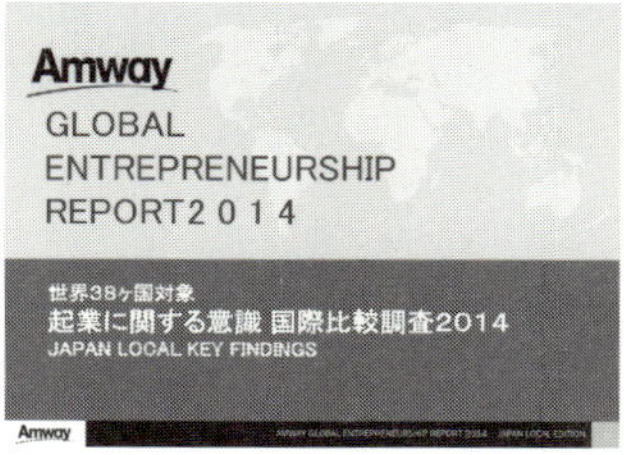

2014年の調査では「起業教育」に焦点を当てた内容になっている

自身が起業することを想像できる人

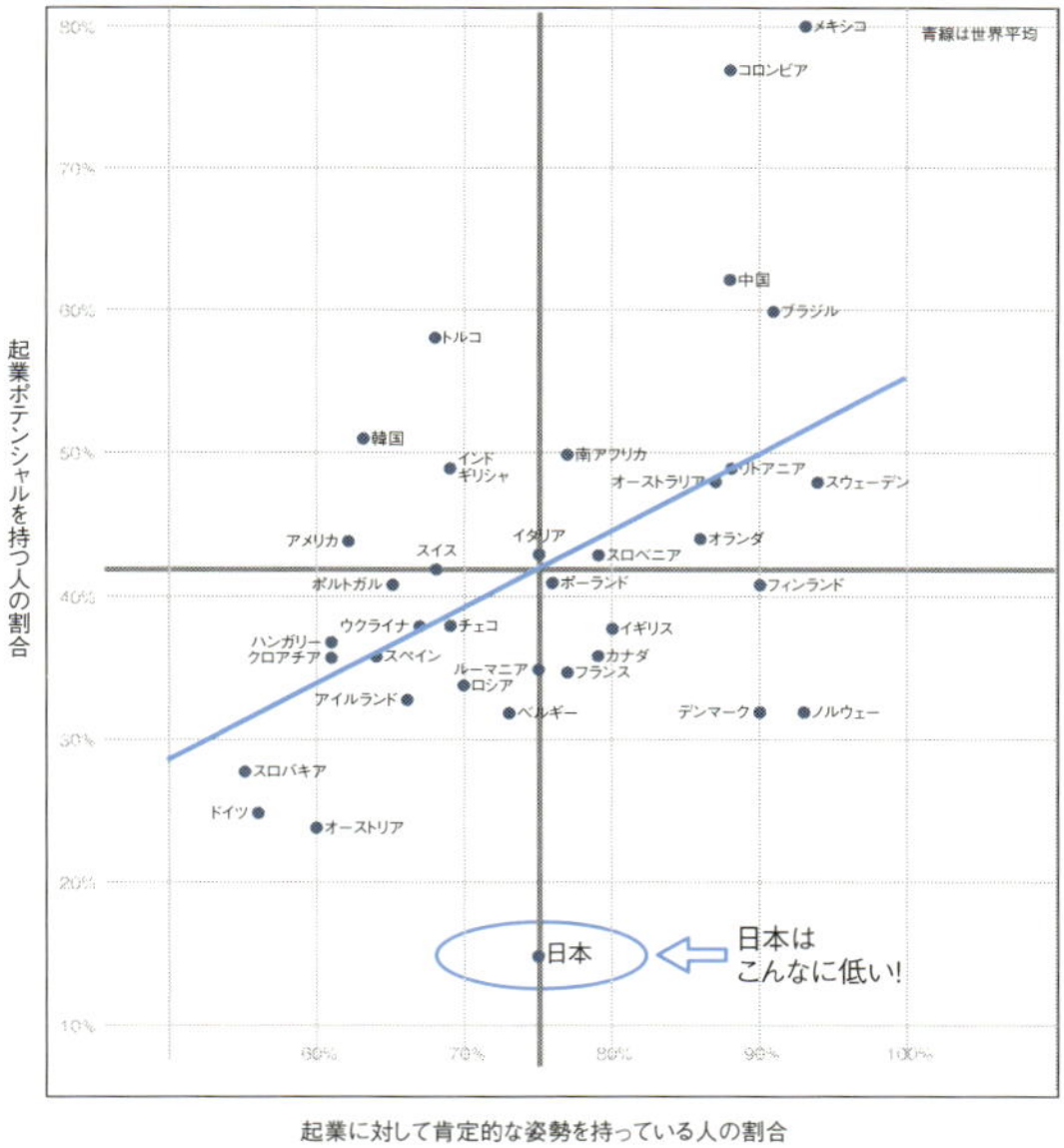

自身が起業することを想像できる人（起業ポテンシャル）の割合で、日本は世界38カ国中の最下位

日本の起業教育はまったく不十分

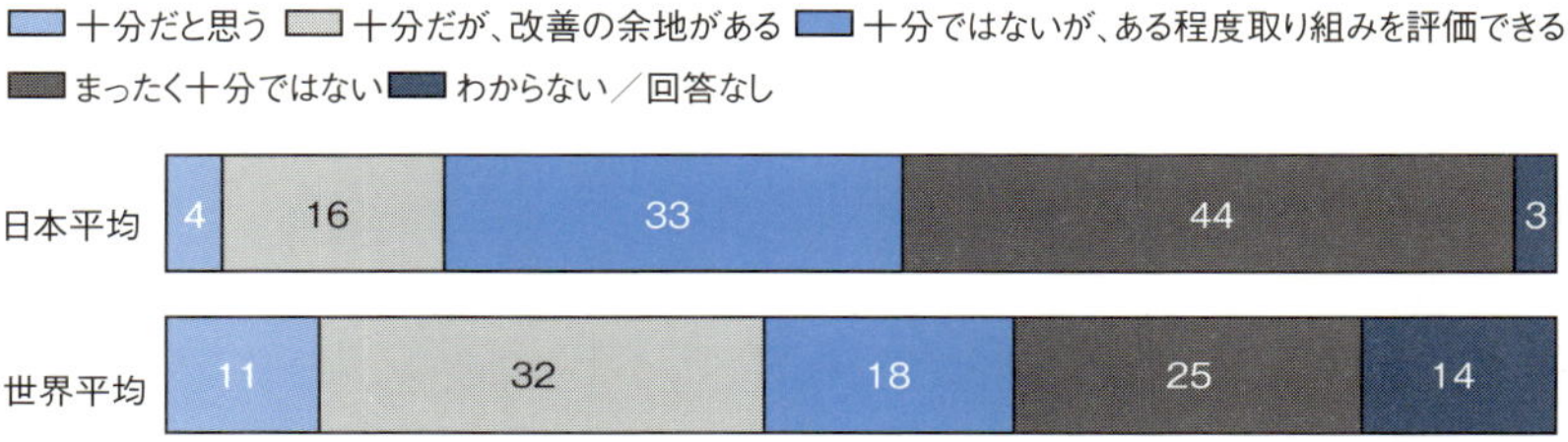

約4割が日本の起業教育がまったく不十分であると考えている（世界平均25%）

14

日本進出

地道な努力により業界ナンバーワン企業へ

日本アムウェイは、米アムウェイの創業から約20年の後、世界の10番目の営業拠点として開設した。営業開始に先行し1977年に創立されていた日本アムウェイは79年5月7日に実際の営業を開始、アムウェイ・ビジネスの第一歩を踏み出した。

本社は現在の東京・渋谷ではなく東京・品川区勝島。オフィス面積も231平方メートル、倉庫面積約1430平方メートルとこぢんまりとした事務所からのスタートとなった。スタッフ数もわずか13人という規模だった。しかし、開業からわずか半年後には100組を超えるディストリビューターが出席して、アムウェイスタッフと賑やかな交歓会を開催したとあるから、国内のアムウェイ・ビジネスは順調な滑り出しだったと言える。

当時、日本アムウェイが扱っていた製品は、今のようにサプリメントや化粧品はなく、多目的洗剤の「L.O.C.」洗濯用洗剤の「SA8」、台所用洗剤の「ディッシュ・ドロップ」などわずか9品目だった。

日本アムウェイが営業を開始した79年は、80年代後半のバブル景気が膨らむ一歩手前の景気が良くなってきた時期。女性の自立も活発化した時期でもあり、品質の高いアムウェイの商品は人気を得る一方、ディストリビューターとして事業の機会を得る女性も増えていった。

このため、商品の売れ行きは営業開始以来好調で、79年の7月には5月7日から6月30日までの小売販売高に基づく初の成績別ボーナスが支払われたというから、開業当初から早くも日本でのビジネスが軌道に乗り始めたことを示している。

日本での事業開始当初について触れたのは、現在のアムウェイのビジネスも一朝一夕に築かれたのではなく、地道な積み重ねによって築き上げられたことを理解してもらいたかったからだ。そして日本で営業を開始以来約35年以上、日本アムウェイは、更新ディストリビューター数は約68万組、スポンサリングを実施しない「アムウェイショッピングクラブ」メンバーが約8万組、合計約76万組になり、売上高は2014年12月期で967億9400万円という規模にまで成長した。もちろん現在、日本のマルチレベル・マーケティング（MLM）業界では押しも押されもしないナンバーワンの地位を築いている。

日本アムウェイの沿革

1977年	アムウェイ・インターナショナルの全額出資により、東京都港区北青山に日本アムウェイ株式会社を設立
1979年	東京都品川区勝島で営業開始
	(社)日本訪問販売協会に加盟
1983年	東京都品川区西五反田へ本社移転
1986年	消費者相談室にフリーダイヤルを導入(現在の相談ホットライン)
1987年	東京都港区南麻布へ本社移転
1988年	(社)日本訪問販売協会の理事法人に就任
1989年	アムウェイ・ネーチャーセンター設立。経済団体連合会(経団連)に加盟
1990年	アムウェイ・ネーチャーセンター環境基金キャンペーンを開始
1991年	株式を公開。東京都目黒区下目黒に本社事務所開設
1994年	米国ニューヨーク証券取引所へADS(米国預託株式)を上場
1996年	インターネット・ホームページ開設
1998年	「長野オリンピック」にゴールドスポンサーとして協賛
1999年	創業20周年。東京都渋谷区宇田川町に本社社屋完成。9月より移転
2000年	「シドニー五輪」JOC日本代表選手団へオフィシャルスポンサーとして協賛
	メンバーシップ制「買うだけクラブ」導入。eコマースサイト「amwaylive.com」オープン
	株式を非公開(日本および米国)
2001年	一橋大学大学院への奨学金制度実施。アムウェイプラザ福岡、仙台、広島開設
2002年	公式企業サイト「amway.co.jp」リニューアル。アムウェイプラザ名古屋開設
2003年	「One by One こども基金」設置。アムウェイプラザ大阪、札幌開設
2005年	教育トレーニング部発足
2006年	「アーリー・ワーニング・システム(早期警告システム)」導入
2007年	スポンサー活動資格認定制度導入
2008年	株式会社から合同会社へ組織変更
2009年	創業30周年。アーリー・ワーニング・システム」特許取得
2010年	メンバーシップ制「アムウェイショッピングクラブ」導入(「買うだけクラブ」から変更)
2011年	ソーシャルメディア「Facebook」「Twitter」「You Tube」公式アカウント運用開始
2012年	東日本復興支援プログラム「Remeber HOPE」がスタート
2013年	第1棟目「南三陸ポータルセンター アムウェイ ハウス」オープン
	One by One こども基金10周年
2014年	第2棟目「アムウェイハウス相馬 さとばたけ報徳センター」オープン
	Osusowakeキャンペーン開始

営業開始当時の本社（東京都品川区勝島、現在は勝島倉庫）

東京・渋谷区の現在の本社

15 オフィス環境&防災
いずれも対応をいち早くスタート

日本アムウェイが実施している環境保護と地域貢献活動の取り組みは多岐にわたっている。最近でこそ、会社をあげて環境保護に取り組む企業もだいぶ増えてきた。しかし日本アムウェイは、本社ビルが建設された1999年から取り組んでいる。当時、環境問題に取り組む企業は今ほど多くはなかった。

本社ビルの建設に当たって日本アムウェイがいち早く導入したのが発電機・コージェネレーションシステム（排熱を利用し動力、温熱、冷熱を取り出しエネルギー効率を高める仕組み）。現在ではコ・ジェネは一般的になっており、オフィスビルはもちろん飲食店やショッピングセンター（SC）、スポーツ施設などと導入が盛んだが、当時このシステムを導入しているのは東京ガス管内で100社にも満たなかったというから、かなり早い取り組みだ。

さらに日本アムウェイでは雨水をトイレの洗浄に利用したり、電力の安い夜間に氷（エコアイス）を作り、昼間の冷房に利用したりしている。窓には保湿性の優れたペアガラスを使用。2012年には主にオフィスの蛍光灯をLEDに変更し、蛍光灯の消費電力を3分の1に節約しているなど環境配慮のための工夫を先駆けて取り入れてきた。

もちろん、建物の構造的な改善やシステムの導入だけでなく、社員が日常業務や生活の中で環境保護に取り組めるような仕組みも数多く取り入れられている。例えば不要になった文具をリユースコーナーに集めて必要な人に活用してもらったり、自動販売機では紙コップを使わず、マイカップを持参してもらったりしている。マイカップ持参だけでひと月当たり約3万5000個の紙コップを節約できるというし、毎月約5トンのミックスペーパーはトイレットペーパーとして再生され、社内ほかで利用されている。

また、日本アムウェイではコミュニティ活動にも力を入れている。渋谷駅周辺帰宅困難者受入施設に認定されており、毎年の訓練に参加している。渋谷区では毎年、大規模災害時に渋谷駅周辺の混乱を防止するため、渋谷駅周辺の約100カ所の事業者、学校などが中心となり、帰宅困難者に対応する訓練を行っている。2014年12月に実施された訓練は日本アムウェイの渋谷本社が会場で、受入施設における開設準備や館内誘導、備蓄品配布、情報提供などの活動の訓練が実施された。

コージェネレーションシステム

本社ビルの地下には、コージェネレーションシステムの設備が並ぶ

排ガス温水ボイラー

割安な夜間電力を活用し、製氷して空調などに利用する氷蓄熱槽

帰宅困難者受入訓練

2014年12月にアムウェイ本社を会場に実施

本番さながらの熱心な訓練

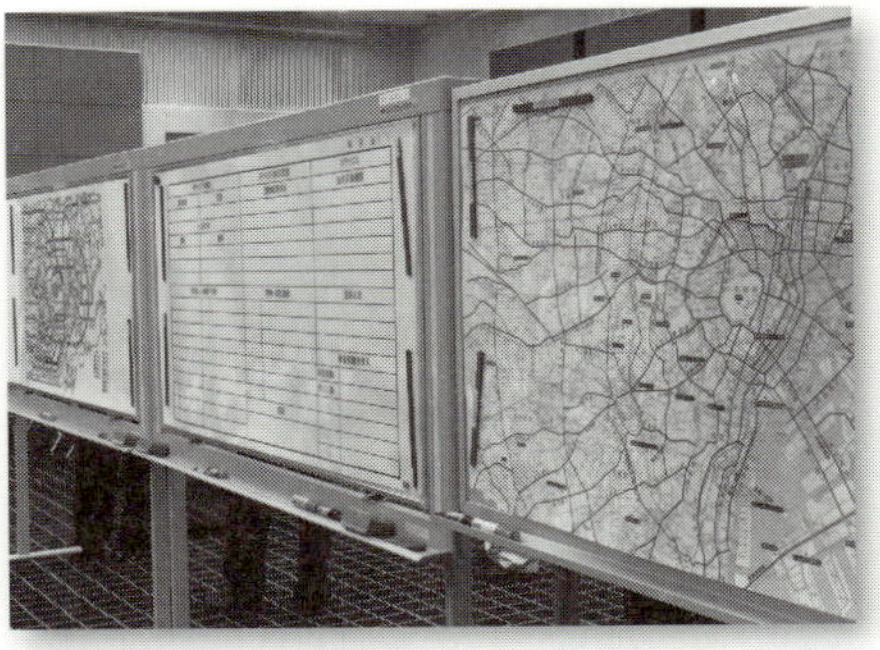

交通網や道路網の情報板

16 日本の拠点 プラザは見て、触って、感じて

日本アムウェイでは、アムウェイの製品を気軽に見たり試したりできる施設として、「アムウェイ・プラザ」を全国の主要都市の7カ所（東京、札幌、仙台、名古屋、大阪、広島、福岡）で展開している、ディストリビューターだけでなく、一般の消費者も気軽に訪れることができる拠点となっている。まず、アムウェイとの出会いはこのプラザから、という人も少なくない。同拠点では見るだけでなく、実際に商品に触れたり、アムウェイの雰囲気を感じたりできることがコンセプトとなっている。

「見る」では徹底した品質管理と製品へのこだわりで人気を得ているサプリメントブランドの「ニュートリライト」を伝えるコーナーをはじめ、スキンケアやメイクアップ製品ブランドの「アーティストリー」、浄水器や空気清浄機、ライフシーンを豊かにする調理器具やホームケア製品など、アムウェイブランドはもちろん、アムウェイの理念、歴史、社会貢献活動について紹介している。

一方、「触れる」では、やはり人気が高いのがビューティーコーナー。化粧品を自由に試すことができ、メイクアップのアドバイスも無料で実施している。新製品や季節に合わせた製品情報を各テーマに沿って紹介する「プラザ ミニセミナー」が定期的に開催されており、製品の特徴を聞きながら製品を試すことができる。参加は無料で事前の申し込みも必要なく、気軽に参加できることで人気を博している。

一方、「感じる」では、ディストリビューターや消費者に使ってもらえるフリースペースを設けている。オープンで開放的なスペースになっており、待ち合わせや友達とのコミュニケーションで利用する人も多く、気軽に使えるカフェのような空間でアムウェイブランドを感じながらゆったりとくつろぐことができる。

ショップコーナーではディストリビューター、アムウェイショッピングクラブのメンバーと一般の消費者にサプリメントや化粧品など一部製品を販売しており、その場で購入することもできる。

各地域の拠点ではディストリビューターのビジネスをサポートするとともに、一般の消費者へのアムウェイの認知度向上にも貢献しており、同社の重要なタッチポイントとなっている。

アムウェイ・プラザと流通センター

17 J-Style ビジネスモデルの殻を破り、新しいイメージに変革

2011年、日本アムウェイに1つの大きな新製品が加わった。それは、エナジードリンクをはじめガムやトレイルミックスなどの製品群で構成される「XSエナジー」ブランドだ。

02年に北米市場に投入されて以来、満を持して日本へ導入されたのである。そして15年1月には、アムウェイがこのXSエナジードリンクブランドを買収し、さらに若い起業家や顧客たちとのつながりを深める戦略を推し進めてきている。

XSエナジーは、単に製品のみを販売するという枠にとどまらない。「J-Style」（ジェイ・スタイル）と呼ぶ、アムウェイのビジネス機会をより現代的で洗練されたものにする施策の一環として、XSブランドの世界観を体現してもらうためにさまざまな仕掛けを講じている。例えば、MTVのプロデュースによるクラブ・イベント「J-style time ship」を大阪や名古屋、仙台などで開催した。

さらに、「XSエナジーガム」が発売されたのを機に、バスケットボールのスリーオンスリー・トーナメントも企画され、全国のディストリビューターたちで構成された24のチームが、本場さながらの迫力ある演出の会場で試合を展開した。

また「XSエナジーブランド」以外にも、「J-Style」のコンセプトのもと、美容関連の製品を一堂に集め、より美しくなるためのヒントを提供するイベント「ブルーミングビューティ プレミアム・パーティ」や、東京ドームを借り切って行われた野球大会「Amway Baseball Cup2014」などを開催。アムウェイ以外では提供できない新しいビジネス体験、製品ブランド体験の機会を積極的に創出している。

アムウェイの製品はサプリメントや化粧品、生活用品という分野の商品が多い。これは、日本の人口動態の変化にもピタリと合致している。

30代、40代からシニア層まで幅広い年齢層に受け入れられやすい商品構成である。それらにJ-Styleのエッセンスを投入することで、「若い人がアムウェイビジネスに参加したくなるようなイメージに変える」（同社）動きが活発に進められている。

J-Styleを体現する数々のイベント

スリーオンスリー・トーナメント

スノーボード大会協賛

ブルーミングビューティー プレミアム・パーティ

Amway Baseball Cup 2014

社長インタビュー

ディストリビューターとのより良い関係構築へ若いエネルギーを取り込みたい

日本アムウェイ社長　マーク・バイダーウィーデン氏

●これからの時代に合ったビジネススタイル

――初めにアムウェイは世界に広がっていますが、日本アムウェイとして日本市場に貢献できることは何ですか。

まず、私たちはあまりお金をかけずビジネス展開ができる機会を提供しています。早いもので日本での活動は35年になります。ただこれからの時間の方が、さらに深い意味がある期間になると思っています。それはアベノミクス（安倍晋三政権の経済政策）でいくつか掲げているテーマがあるからです。女性が活躍する場の拡大や、個人の将来に個人が責任を持つ時代が来る可能性があるからです。政府に頼り切るのではなく、自分の道は自分で切り拓くということです。例えば、多くの現代人に自身の健康や健康であることに自己責任を持つという考え方が普及しています。病気を克服するというより、予防に焦点を当てているのです。このような考え方は、ビタミンや栄養補給食品ブランド「ニュートリライト」に新たな機会を生み出します。

これは私たちにとって喜ばしい方向です。そもそもダイレクトセリングにより、個人がビジネスの機会を持つことが可能です。しかも、登録しているディストリビューターの70％が女性。これからの時代に合っていると思います。

――女性の割合が多いですね。女性のディストリビューターに向けてアムウェイとしてできることとは。

女性のディストリビューターが私たちのビジネスに魅力を感じるのは柔軟性があるからです。小さい子どもを持つ女性は、家族を守るという意味で重要な役割を担っています。アムウェイのビジネスはその合間を縫って、好きな時間にビジネスができるのが魅力ではないでしょうか。製品の観点からも女性に受け入れられると思います。例えば、私たちの強いラインアップとして化粧品があります。「アーティストリー」というブランドで、高級スキンケアブランド世界売り上げトップ5にランキングされています。また、サプリメントも家族の健康を守るという意味で、身近に感じてもらえると思います。このほかにも女性に興味を持ってもらえる商品は多いのです。

会社は製品の提供だけでなく、トレーニングの機会も提供しています。起業家の方は希望を持っている反面、恐怖心もあると思います。独り立ちしていくことは大きな人生のステップです。トレーニングでビジネスのスキルを磨くための機会が必要です。

●若者の心に響く発信を続けたい

――日本は少子高齢化で高齢者の方が多くなっています。今後日本アムウェイとして若い世代の参加や、若い世代に何ができるかも問われているのではないでしょうか。

日本は市場の成熟化が進んでいます。会社としては、次の世代にビジネスに参加してもらうことが大事です。もちろん、長い間ともに歩んできているディストリビューターを除外せずいかに若者に参加してもらうか、若者の市場にどうコミュニケーションをとるか。若者に発信するメッセージを、エネルギーあふれるものにするにはどうすべきか熟考してきたのです。またイベントやインセンティブ・ツアーなどに、どんな要素を組み込めば若い人が参加したいと思うかを考えました。

最近では、5年前に考えもしなかった若者向けのイベントも実現しています。それが「J-Style」です。トレーニングやイベントに新しいエネルギーを注入していこうという意味が込められています。

また、私たちには「ＸＳ」というブランドがあります。いわゆるエナジードリンクで、この市場はここ数年で伸びている市場です。このドリンクを若い人たちがビジネスの第一ステップとして考えてほしいというのが導入のきっかけです。私たちが提供しているキッチン用品よりも、若い人たちにとっては魅力に映る商品のはずです（笑）。ＸＳにはドリンクだけでなく、ガムなどの商品もあります。

――若者と熟練者が共存共栄できる世界を作るようですね。

このＸＳとＪ－Ｓｔｙｌｅは、私たちの将来に重要な意味を持つと思っています。一つには10年、20年とキャリアのある経験豊かなディストリビューターの方たちに、若いエネルギーを注入していくことです。一方で、25～30歳ぐらいでエネルギーはあるが経験がない人たちがいて、熟練したディストリビューターの経験をその若い世代が受け継いでいく。こうして両者がうまく協業すれば、日本のビジネスの将来は明るいでしょう。

――Ｊ－Ｓｔｙｌｅで行うイベントとは。

多くのディストリビューターが全国にいて、いろいろなコミュニティがありますが、コミュニティの方々に喜んでもらえるイベントを展開しようと思っています。これまでに「スリーオンスリー」というバスケットボールのイベントを実施しました。ただスリーオンスリーをやるだけでなく、製品のブースを出したりトレーニングブースを設けたりして総合的な提案を行いました。野球のトーナメント戦には５０００人の観客が集まりました。クラブイベントなども展開しています。

●日本独自のＩＴ戦略と組織の柔軟化で経営を強化

――一方でネットを活用した消費が活発になっています。ＩＴを活用した購買スタイルという変化への対応についてはい

かがでしょうか。

日本のIT水準は非常に高いと思います。世界の先進国の中で、日本のような水準はほかにない。それについていくことが重要です。数年前まで、ここはあまり注力してきませんでしたが、最近は7割超がスマートフォンからのオーダーです。もっと近代化にスピードアップしなければなりません。日本独自にデジタルの改善戦略もとっていますし、アクセスポイントを近代化する施策も考えています。例えば製品の発注、登録の際のクリック数を減らすことなどを考えています。

同時に開発中なのがソーシャルメディアの活用です。若い世代はeメールを読まなくなっています。もっと若い世代が使う言語を使い、リーチすることを考えなくてはいけません。これは、日本だけでなくアジアパシフィックの地域全体で考えていることです。ITにとどまらず、今は中央集権的に米本社が決めていたもののやり方を変える移行期間にあります。中央集権から脱却しようと、例えばビューティセンターを韓国に設置しました。アジアの美容情報をいち早く収集していくためです。またアジアの国同士、地域同士で成功事例をシェアし合うことを進めます。

●「おすそわけ」キャンペーンでブランドイメージを上げる

——レピテーション（評判）関係の施策はいかがですか。

これはいろいろやることが山積しています。良いレピテーションの構築は一夜にしてできません。前提は基本に基づいてビジネスが行われていること、ルールや決まりに則り行われていることです。さらに、製品も質が高いということを理解してもらわないといけません。そのために高い品質管理の水準に基づいて生産されていることが大事です。

すでに基礎は構築されているので、第二段階を考えています。今までアムウェイは、広告や販促はディストリビューターの組織内で行ってきており、レピテーションは口コミが大きかった。しかし、違うフェーズに移行しようと「おすそわけ」キャンペーンを始めました。

この言葉は日本文化に根強く存在する言葉です。アムウェイのビジネスイメージ向上のためで、うれしいことを分け合うという意味もあります。みなさんにとって良き隣人である、ということを理解してもらう。あくまで「ユーファースト、ミーセカンド」という考えがベースです。「オーちゃん」というキャラクターを使い、概念を伝えていきます。印刷物や広告展開で周知します。またＹＯＵ ＴＵＢＥでは動画再生回数が１００万回を超えました。

●被災地東北のサポートに力を注ぐ

——企業市民としての取り組みはいかがです。

ここは私たちにとって、とても重要な分野です。サポートが必要な方々に私たちの成功を分け、活用してもらう意味で、世界的な活動として「アムウェイＯｎｅ ｂｙ Ｏｎｅ」という活動があります。支援を必要とする子どもたち

をアムウェイが全世界的にサポートする取り組みです。

そして日本では、4年前の東日本大震災で被害を受けた東北地方をサポートする取り組みを始めています。震災直後は何百社もが被災地をサポートしました。しかし時が経つにつれ、ほかの災害や事件などがあると関心がそちらに移ってしまう。そこで、震災から1年後に「Ｒｅｍｅｍｂｅｒ ＨＯＰＥ」という活動を開始しました。社会貢献をひとつに絞り、リソースを一元化しました。

いまだに仮設住宅に住んでいる人が20万人もいると聞きます。そこで被害を受けた町や村に「コミュニティハウス」を建てようという活動を開始しました。ハウスを建て台所をつけ、オープンスペースを確保しました。地域の方々が集い、いろいろな活動に使ってもらえるようにしました。教室やクラブ活動などができる場所です。３～４年かけて８～12棟程度にしていきます。

第１棟が南三陸町、２棟目を福島の南相馬、そして３、４棟が今年中にできる予定です。南三陸の利用者数は２０００人から３０００人になっています。ディストリビューターの方々がボランティアで多様なイベントの手伝いをしたり、季節ごとにイベントを実施したりしています。東京の有名ホテルの料理長を招いて料理を作り、地域の方々に振る舞ったこともありました。希望を持ってもらうとともに、みなさんがこのことを忘れないでほしいと思っています。仮設住宅から出て、コミュニティハウスに集ってもらうことで、心の復興にも貢献できると考えているのです。

COLUMN

一生、ハリのある人生を送るために

エグゼクティブ・ダイヤモンドDD　**高木哲雄**さん

アムウェイはいつでも誰でも始めることができます。私は39歳の時にアムウェイと出会い、それから会社勤めとアムウェイの二足のわらじを履いてきました。アムウェイとの出会いは私の人生を一変させました。新たな仲間に出会い、自分の夢を膨らませ、自分の人生を自分で決められることの喜びと価値を知りました。自分の人生の主役は自分自身であること。それは、アムウェイを続けてきて実感したことです。

アムウェイの魅力は尽きませんが、収入源を複数持つという生き方を知ったことも大きなことでした。一般的にサラリーマンのキャリアは50歳がピークと言われていますが、アムウェイは生涯現役でいられます。収入も努力に応じて増やし続けることができます。サラリーマンは定年を迎えると収入は大きく減ってしまうため、退職後は自分への自尊感情が揺らぐことも少なくないと聞きます。収入源を複数持つことで、経済的にも精神的にも自由を得ることができます。それはとても幸せなことです。アムウェイは生涯現役です。仲間たちと日々成長を続けながら、生涯自分の夢を追い続けていけます。

私は団塊の世代の一員ですが、今こそ多くの若い人たちに30年後を見据えて、アムウェイと出会って欲しいと思っています。私は20代のころ思いました。年齢を重ねると人の言うことが聞けなくなり、誰も自分に何も言ってくれなくなって、ただの意固地な人になってしまうのではないか、と。アムウェイと出会ったことで、私は人間として成長を重ね続けられる人生となりました。独りよがりな思い込みは、このビジネスには不向きだからです。家族とともに励まし合いながら続けてきたことで、私はサラリーマン時代には思いもしなかった人生を歩んでいます。そして、子どもたちにも人生のさまざまな選択肢を提供することができました。もっと多くの人にアムウェイの可能性に出会って欲しい。ともに支え合ってきた妻も思いは同じはずです。

第2章

製品&研究開発

徹底的に品質にこだわる

18 ラインアップ 化粧品、サプリメントをはじめ、製品は200品目以上

日本アムウェイが扱っている製品数は現在、3つのカテゴリーに広がる約200品目。化粧品ブランドの「アーティストリー」、栄養補給食品（サプリメント）の「ニュートリライト」、各種洗剤や空気清浄機、浄水器、調理器具など。どれも毎日の生活に欠かせないものばかりで、そのほとんどが毎日使用するものだ。しかも世界的なブランドが揃う。

例えば「ニュートリライト」はビタミン・栄養補給食品売上高世界ナンバーワンのブランド（ユーロモニターインターナショナル調べ：2012年）だし、「アーティストリー」は高級スキンケアブランドの売上高で世界トップ5（同ビューティー&パーソナルケア2014「13年グローバル小売売上げに関する調査」）にランキングされた。また「eSpring」は、売上高世界ナンバーワン（12年グローバルセールスに関するヴェリファイマーケット社調査）のキッチン用浄水器ブランド。さらに「Atmosphere」も、売上高世界ナンバーワン（13年同調査）の家庭用空気清浄機ブランドである。世界で初めて砂糖ゼロの「XSエナジー」ドリンクも11年から発売している。

マルチレベル・マーケティング（MLM）の企業で、これだけ豊富な製品、しかも世界トップ級のブランドを揃えているところはほかにない。それだけに、ディストリビューターはブランドの信頼感に裏打ちされた製品を購入者の多様なライフスタイルに幅広く提案できるわけである。

日本アムウェイの14年の売上高はざっと968億円。アムウェイというと、ホームケア製品を思い浮かべる人も多いと見られるが、実は現在の売上高構成比（14年度）では「ニュートリライト」などの栄養補給食品が43・1%、次いで「アーティストリー」などのパーソナルケアの27・3%、空気清浄機や浄水器などの「ハウスウェア」で23・3%などとなっている。

ライフスタイルの変化を先取りし、美容や健康をサポートする製品比率が高まっているのが現状だ。さらに「XSエナジー」ブランドの導入は今後の人口動態の変化に対応し、より若年層のディストリビューターや購入者を呼び込む意図で開発されており、製品のみならず製品の世界観を表すイベントなどソフトも同時展開しているのが特徴だ。売上高が証明するように、品質には定評のある同社。後に詳述するが、製品作りでもこだわりのあるものが多い。

製品のラインアップ

BEAUTY

スキンケアやメイクアップ製品からヘアケア、ボディケアまで揃う。

代表的製品の「アーティストリー」は最先端のサイエンスや世界的クリエイターとのコラボレーションによる人気の化粧品ブランド

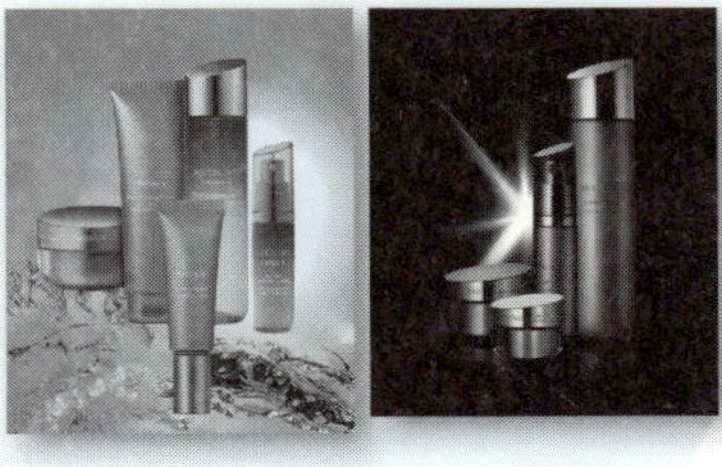

NUTRITION

マルチビタミンやミネラルなどを製品化した「ニュートリライト」。
植物の恵みを凝縮した各種サプリメントは世界で広く支持を集める

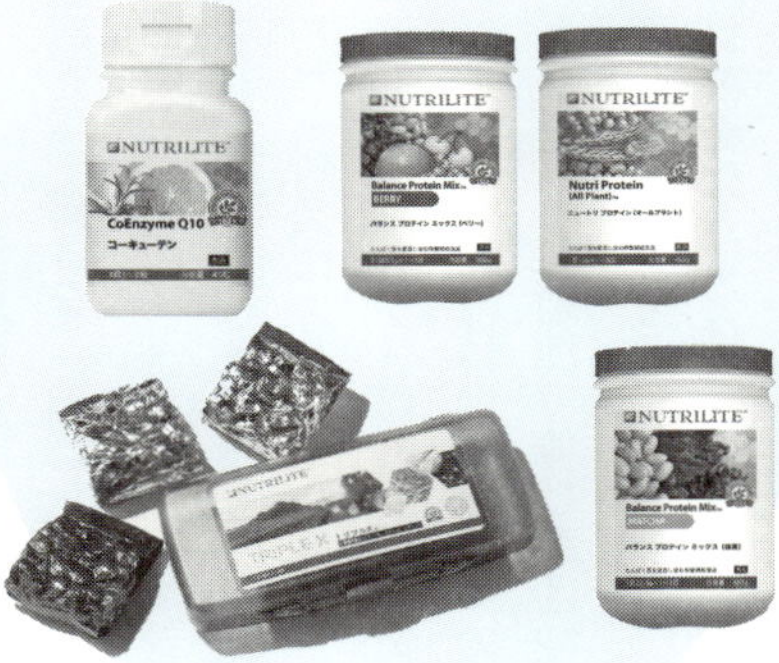

3つのカテゴリー

HOME

アムウェイの歴史とともに歩んできた各種洗剤をはじめ空気清浄機、浄水器、調理器具など暮らしに安心と快適を届ける

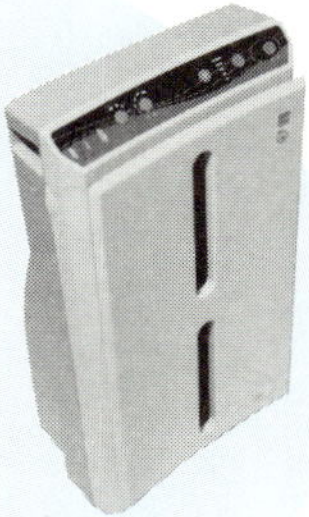

19

サプリメント（ニュートリライト）①

世界で最も売れているサプリメント

日本では医療費抑制の流れを背景に、ついにはメタボリックシンドロームを予防する「メタボリック検診」の実施など、もはや自分の身体は自分で守らなければならない時代が到来している。食の欧米化が進み、日本人の体格は格段に向上したものの肥満や糖尿病、心臓疾患、脳卒中など生活習慣病は増加。しかし、私たちのライフスタイルを変えるのは困難であり、現状の生活実態の中でいかに自らの健康を守るか。それが現代人に問われている。

運動不足に加え、食の欧米化で十分に摂取できていないのが野菜。それが生活習慣病を増加させる一因になっているが、日本よりも早くこの問題に直面した米国では、食事に不足している栄養素を栄養補給食品、いわゆるサプリメントで補う健康管理スタイルが一般的に浸透している。

日本でも総務省の調べによると、2013年のサプリメント形状の健康食品を対象とする「健康保持用摂取品」の支出額は1190円で、前年比2・1％増加。伸び率は12年に比べて鈍化したが、堅調に推移している。

サプリメントの利用者は高齢になるほど高く、2人以上の世帯の年齢階層別支出金額では「50代世帯が1万4400円」、「60代世帯が1万8200円」、「70歳以上の世帯が2万3000円」と人口動態を反映した支出額になっていると言える。

しかし、最近はサプリメントも乱立気味。キチンとした生産履歴があり、農薬などの異物混入がなく成分内容を保証できるもの、はたまた従来のビタミンやミネラル、食物繊維などのほかに、最近話題になっているファイトケミカルスが摂取できるもの。こんな条件を満たすサプリメントでないと、うかつに利用できないし、真の意味で良いサプリメントといえない。が、そんな条件を持ち合わせたのが、アムウェイの主力製品でサプリメントのブランドである「ニュートリライト」なのだ。

実はニュートリライトはサプリメントの先駆け。ニュートリライト社を創立したカール・レンボーグが1934年、栄養補給食品の開発に成功し、新会社を設立して北米初のマルチビタミン&ミネラル製品の販売を開始したのが始まりだ。しかもユーロモニターインターナショナル社の調査（2012年）によると、今では全世界で売り上げナンバーワンのブランドという。

6大栄養素とファイトケミカルス

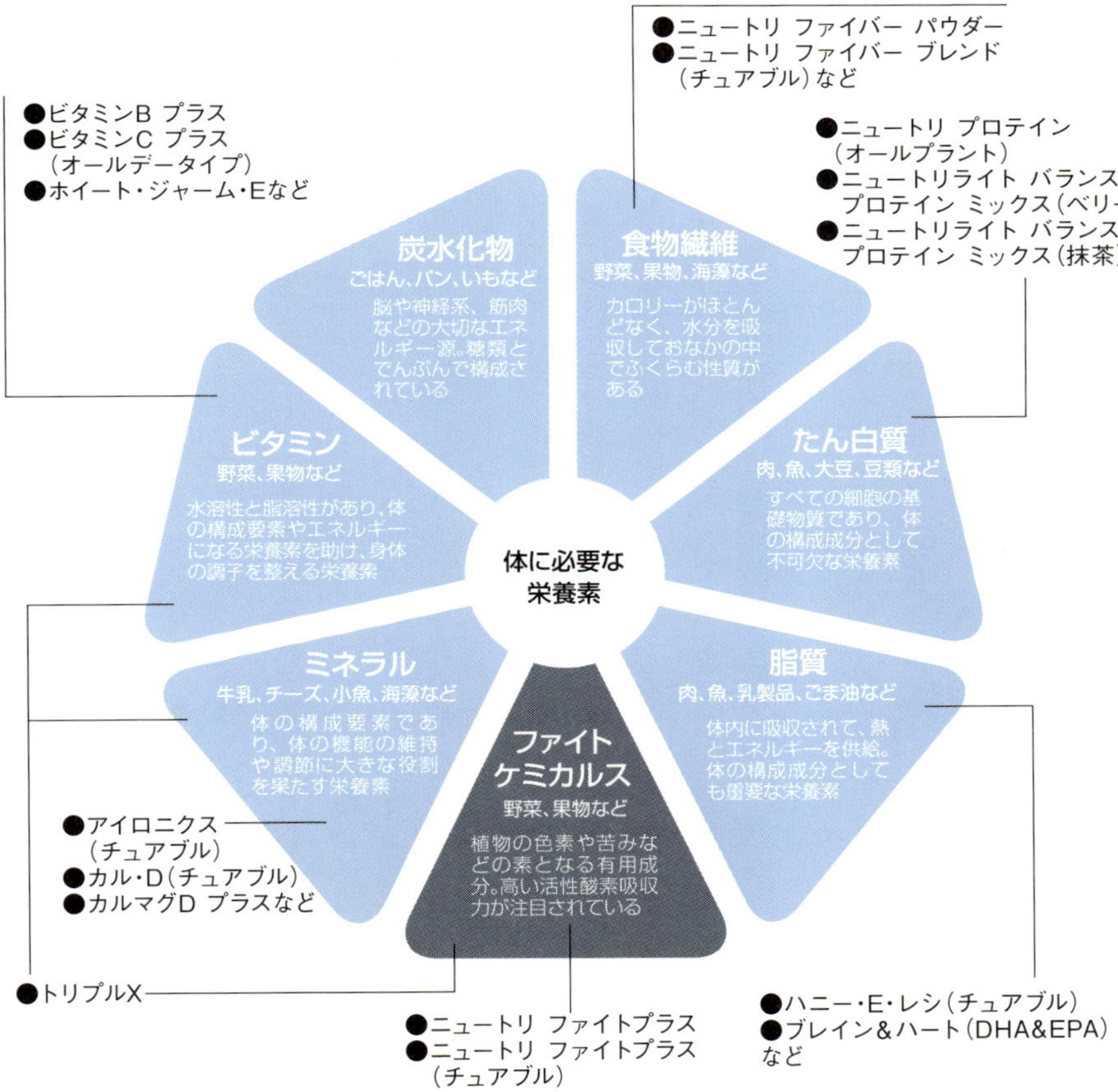

ニュートリライトの3つの誇り

1　1934年、北米初のマルチビタミン&ミネラルを発売。

2　自社の認証された有機農場で原料を栽培し、収穫してから加工するまでを一貫して行う唯一の世界的なビタミンおよびミネラル製品のブランド。※

※ユーロモニターインターナショナルにより実施された世界のビタミンおよび栄養補給食品のブランドに関する調査より（2013年調べ）

3　ビタミンおよび栄養補給食品における売上高No.1ブランド。※

※ユーロモニターインターナショナル調べ:ビタミンL栄養補給食品のカテゴリー:世界市場:小売金額:2012年

用語解説

ファイトケミカルス：植物に含まれる有益な化学物質や化合物

20 サプリメント（ニュートリライト）②

変人扱いされたサプリメント開発者

世界で最も選ばれているアムウェイのサプリメント「ニュートリライト」の開発物語はユニークだ。物語はニュートリライトの創立者でサプリメントという概念を開発したカール・レンボーグが1920年初頭、乳製品メーカーの営業担当として、中国に赴任していた頃から始まる。レンボーグはこの国の哲学や薬学に興味を持ち始めるとともに、中国人の食生活や生活スタイルにも興味を持った。肉や白米を主食にしている富裕層にはかっけなどの病気にかかる人が多いが、主に新鮮な野菜や玄米を食べている農民には病気が少ない。彼は「食べ物の中に人間のカラダに必要なものが十分含まれていないと、人間は病気になる。だから食生活で足りないものを補給できれば、問題は解決するはず」と考えるようになった。

27年の南京事件で収容所生活を余儀なくされた彼と彼の同僚は、食糧不足による栄養失調に陥った。彼は木の葉や雑草、すりつぶした動物の骨、さらにさびた鉄くぎをゆでてスープやお粥《かゆ》を作り、同僚らにふるまった。味はひどいものだったというが、スープを飲んだ人は過酷な状況下でも体力を回復、彼は自らの概念に自信を深めた。貨物船で中国を脱出した彼は、中国で全財産を失う代わりに生涯の理念を手に入れたのだ。

27年、米国に戻った彼は即座に栄養素の研究を開始、牛がアルファルファを食べるのを見て、植物の栄養素を加工する実験に明け暮れる。試行錯誤の末、彼は中国の経験から興味を持ったアルファルファ、クレソン、パセリという3種類の植物をベースに栄養素の抽出、濃縮という実験に寝食を忘れて取り組んだ。当時はビタミンの存在はわかっていたものの断片的。またポリフェノールなどファイトケミカルスなどは、存在すら判明していなかった時代。彼の実験は到底理解されず、変人扱いされたという。

しかし、いくつもの無理解、妨害を乗り越え、34年、ついに北米で最初となる栄養補給食品の開発に成功し、新会社を設立した。39年に社名をニュートリライト・プロダクツ社に改名した。しかし、当初の成績は芳しいものではなかった。それは、ビタミンなど栄養素の知識がなかった当時の人々が、彼の製品に興味を示さなかったからだ。彼の製品が飛ぶように売れるとの確信は見事に打ち砕かれることとなった。

サプリメントの概念を開発したレンボーグ

1927年、栄養素の研究を開始する若き日のレンボーグ

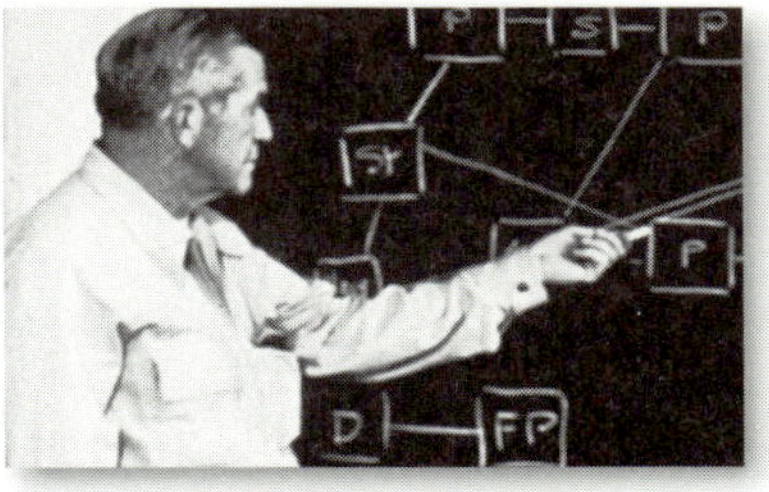

栄養素の抽出・濃縮の実験を繰り返し行った

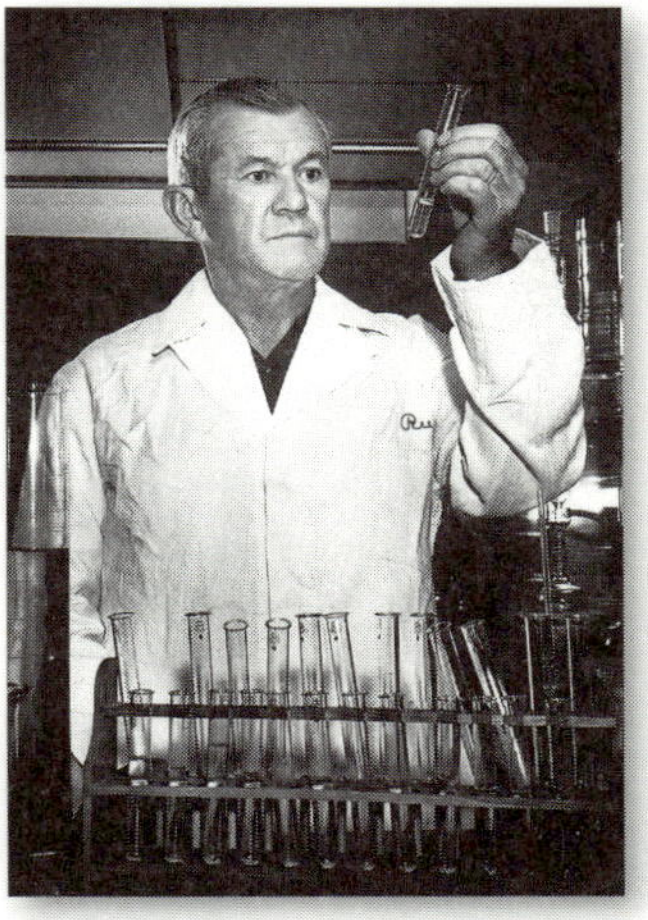

彼の研究は従来の栄養学に革命をもたらすこととなった

カール・レンボーグの言葉

If we cannot get
the particular things
the plants make,
which we need,
we also cannot live

植物がつくる特別な栄養素を摂らなければ、
人間は生きていけない。

21 サプリメント（ニュートリライト）③

開発当初から品質にこだわる

レンボーグの思惑と違って、開発したサプリメントは当初それほど売れなかったという。しかし、それを売り続けていた彼とサプリメントにある日、転機が訪れた。「米国人の食生活は思っているほど健康的でなく、急増する生活習慣病の原因なっている」という認識が全米に広まり始めたからだ。サプリメントは一躍脚光を浴びることになる。

当時、「ニュートリライト」では初歩的ではあるが、今のマルチレベル・マーケティング（ＭＬＭ）の原型となる「ダイレクト・セールス・マーケティング・プラン」という販売方法を導入、口コミでその良さが広がり、サプリメントの販売を軌道に乗せるのである。これは余談だが、このサプリメントの販売を手がけていたのが、前述したアムウェイの2人の創業者だ。

それにしてもレンボーグはまるで、今の時代を予見するかのように、当時「本当に信じられる原料は自分で作るしかない」として、米国カリフォルニア州ヘメットに１００エーカー（約40・4ヘクタール）の土地を購入、自社農場での原料植物の栽培を始めるのである。今に続いているアムウェイの良さである原料の製造から加工、販売というサプリメントのバーチカルインテグレーション（垂直統合）の始まりである。以来、濃縮、精度、品質にこだわったレンボーグの意思を受け継ぎ、栄養価を追求するニュートリライト製法が今でも行われているが、とにかく、植物から得られるビタミン、ミネラル、ファイトケミカルスは少しも逃さない製造方法が受け継がれている。ニュートリライト製法とはこのようなプロセスだ。①まず収穫した原料植物を大型乾燥機で脱水→②乾燥した原料植物を細かく粉砕→③原料植物から栄養素のみを抽出→④栄養素をそのまま濃縮→⑤スプレードライで水分を除去→⑥製品に合わせて粉末（濃縮物）を混合→⑦独自のコンセントレイト（濃縮物）を完成→⑧タブレット状に圧縮して完成。

ニュートリライトの製造プロセスは基本的にはレンボーグが実施していたやり方と大きく変わりはないが、一段と近代的な工場で、効率的に製造されるようになった。

「問題は食物に何が含まれているかではなく、何が欠けているかだったのだ」。この極めて平凡なる非凡の考え方を背景に、自然にこだわった高い品質の製品を発売、ニュートリライト・プロダクツ社は飛躍的な成長を遂げる。

カール・レンボーグの歩み

1887年	カール・レンボーグ誕生。
1915年	カール・レンボーグ、カーネーション社に入社。 1915年からほぼ1927年まで中国で生活。 革命のため約1年間、上海特別区に拘留される。
1927年	アメリカに帰国。
1928年	カリフォルニア州バルボア島に研究所を開設。植物の濃縮実験をスタート。
1934年	北米初の栄養補給食品の開発に成功。カリフォルニア・ビタミン社を設立。
1936年	長男サム・レンボーグが誕生。
1939年	拠点をロサンゼルスに移す。 カリフォルニア・ビタミン社からニュートリライト・プロダクツ社に改名。 ニュートリライト製品が米国で発売開始。
1945年	ダイレクト・セールス・マーケティング・プランによる販売が始まる。
1946年	カリフォルニア州ブエナパークに製造工場を移転。
1948年	ビタミン&ミネラル「ダブルX」発売。
1953年	カリフォルニア州レイクビューに土地を購入。農場と製造設備を建設。
1964年	サム・レンボーグがカリフォルニア大学バークレー校で 生物物理学の博士号を取得。 ニュートリライト・プロダクツ社にスタッフとして入社。
1970年	アセロラチェリーの果樹園をプエルトリコに開設。
1972年	アムウェイ・コーポレーションがニュートリライト・プロダクツ社の過半数の株式を買い上げ、その結果ディストリビューター数および売り上げが一気に増加。
1973年	カール・レンボーグ、86歳で死去。

22 害虫とも共存する有機農法

サプリメント（ニュートリライト）④

「どのような作物を育てるかよりも前に、どんな土で育てるかが重要である」――。これはアムウェイの主力製品、「ニュートリライト」を開発したレンボーグの言葉だが、この意志を受け継いだアムウェイでは、土壌にこだわり、栽培方法にこだわり、さらに収穫にこだわった原料の生産を展開。農薬や除草剤が全盛だった頃から、有機農法を続けている。

健康で質の高い原料植物を育てるには肥沃な土壌が不可欠だが、ニュートリライトは原料の植物を植える前にまず、栄養豊富な土壌を作り上げることから始める。その徹底ぶりは、他に類を見ないほどだ。

堆肥作り。メキシコにある自社農場の例を見てみよう。安心、安全な土作りのために自社堆肥作りの専用エリアを設けるなど徹底している。しかも、堆肥作りの専用スタッフを配置している。次にミミズを活用した堆肥作りだ。サプリメント製品製造後に、余った植物濃縮物をミミズのエサとして使用する。ミミズの体内で窒素などに分解、排泄されて土に養分を与える。次に栄養豊富な土をろ過して、できた液状堆肥を散布するという具合だ。

ニュートリライトは80年前の創業当初から化学的農薬を使用していない。害獣対策として昼はタカ、夜はフクロウを見張り役としている。

そんな有機栽培に徹底している同ブランドだが、この有機栽培のあり方にもレンボーグの哲学が脈々と受け継がれている。実は、益虫で害虫を駆除する同ブランドの農場には、不思議なことに、害虫避難所ともいうべき場所を確保している。雑草が生え放題のこの場所、害虫が身を隠すための絶好の場所となっているのだ。

なぜ、こんなことをするのか。レンボーグは「自然界にはバランスがあり、単に害虫を駆除すればいいというものではない」と語っている。いわば大量の益虫を使って、害虫を駆除したとしても、結果として益虫が食べるものがなくなり、再び害虫が発生した時に、かえって被害が大きくなる可能性があるからだという。自然との共存、害虫との共存。この共存の精神を同ブランドは大事にしている。化学的農薬は使わない。だからといって、益虫で害虫を完全に駆除し、バランスを崩すようなことはしない。共存の精神がなんと、原料の生産段階からあるのだ。

ニュートリライト農法

1 Amending
ミミズを使って土壌を整える
土壌に有機的な栄養素を加え、さらにミミズを地中に離して植物が根を伸ばしやすいようにほぐす

2 Seeding
原料植物の栽培をスタート
栄養豊富な土ができあがったら、原料植物の栽培をスタート。水は地下水を使用

3 Integrated Pest Management
自然の摂理で原料植物を守る
テントウムシやカゲロウの幼虫、タカやフクロウで害虫・害獣から植物を守る

4 Harvesting
最も栄養価の高い時期に収穫
それぞれの作物の栄養価が最も高まる時期に、最も栄養価の高い部分だけを収穫する

堆肥を作るための専用スタッフ

液状堆肥の散布の様子

23 サプリメント（ニュートリライト）5

サプリメントの原料植物は北米など3カ所で栽培

世界で最も利用されているサプリメント「ニュートリライト」。その原料植物の有機栽培をしている自社農場は現在全部で3カ所ある。これまでは4カ所あった。

北米カリフォルニア州の「ニュートリライト研究農場」は、レンボーグが80余年前に有機栽培による植物の栽培、研究に着手しニュートリライトの歴史が始まった記念すべき農場だったが、周辺の都市化が進んだことなどから2013年に閉鎖。今後は15年にニュートリライトヘルスインスティテュート内に完成予定の新エクスペリエンス・センターに機能を引き継ぐ予定となっている。このため、現在は北米最大級の有機ハーブ園となるワシントン州の「トラウトレイク農場」、メキシコ・ハリスコ州で7つの火山に囲まれた「エル・ペタカル農場」、さらにブラジル・セアラ州南部の「ウバジャラ農場」となっている。

ワシントン州にある「トラウトレイク農場」は約370ヘクタールの規模で、ハーブを中心に栽培している。同ブランドがここを農場として選んだ理由は、カスケード山脈がもたらす優れた自然環境にある。ハーブ栽培に最適な火山灰土、純粋な氷河の水、さわやかな気候。しかも火山灰土はカリウム、窒素、リンなど多くの微量ミネラルを含む天然資源のひとつだからだ。

同農場は有機栽培が特色だけでなく、絶滅の危機にあるハーブや未開の地に生息するハーブの保護にも務めている。自然バランスがすばらしい同地が、良質なハーブを恒久的に栽培するために適していると考えているからだ。これまで世界の薬理学者や生物学者、学識経験者や研究機関の専門知識を結集、ハーブの初期成長段階の研究が進められている。自然の摂理を取り入れた農法で、ワシントン州から「有機農法の農場」として正式認定も受けている。

メキシコ・ハリスコ州中部にある「エル・ペタカル農場」はニュートリライト第2の規模を誇る農場。ニュートリライトでは将来的にここがすべての農場の中心になると考えており、現在ガーリックをはじめ25種類のハーブと原料植物のテスト栽培を行っている。またブラジルの「ウバジャラ農場」は主要作物のアセロラチェリーをはじめ、マンゴーやパイナップル、ココナッツなど多様な植物を育てている。01年にはアセロラの加工施設が完成し、収穫後すぐに濃縮加工が可能となった。

ニュートリライトの北米農場

ワシントン州トラウトレイク農場

370ヘクタールもの広大な敷地を持つ
有機ハーブ園

米ワシントン州有機農法認定証

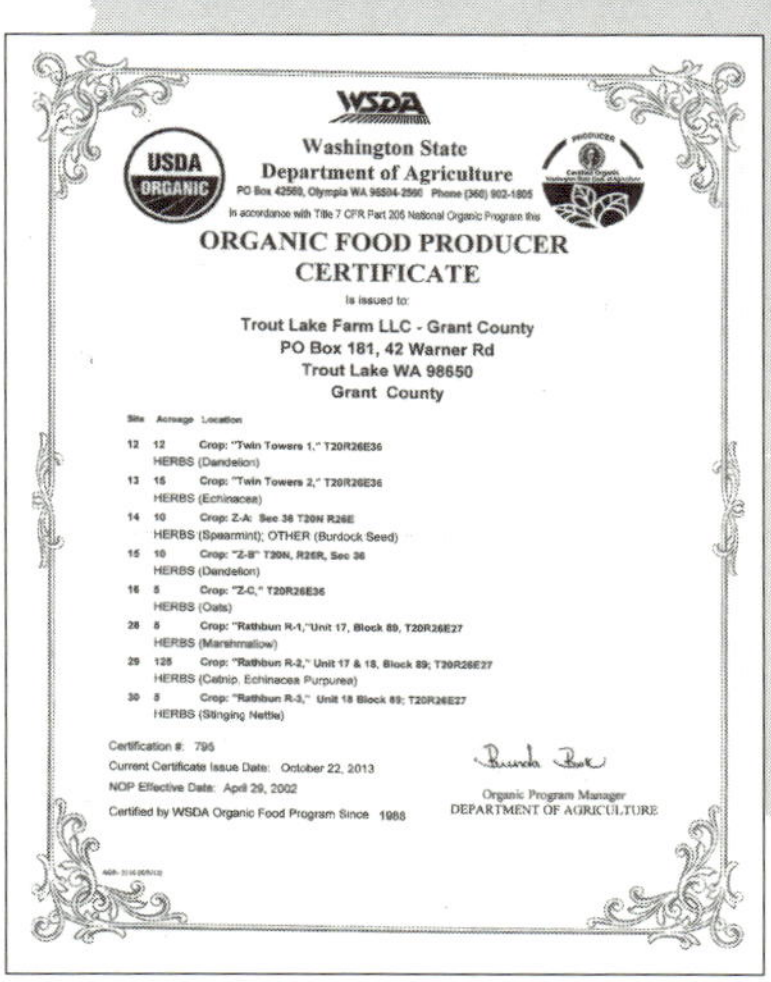

WSDA

Washington State
Department of Agriculture
PO Box 42560, Olympia WA 98504-2560　Phone (360) 902-1805
In accordance with Title 7 CFR Part 205 National Organic Program this

ORGANIC FOOD PRODUCER
CERTIFICATE

is issued to:

Trout Lake Farm LLC - Grant County
PO Box 181, 42 Warner Rd
Trout Lake WA 98650
Grant County

Site	Acreage	Location
12	12	Crop: "Twin Towers 1," T20R26E36 HERBS (Dandelion)
13	15	Crop: "Twin Towers 2," T20R26E36 HERBS (Echinacea)
14	10	Crop: Z-A: Sec 36 T20N R26E HERBS (Spearmint); OTHER (Burdock Seed)
15	10	Crop: "Z-B" T20N, R26R, Sec 36 HERBS (Dandelion)
16	5	Crop: "Z-C," T20R26E36 HERBS (Oats)
28	5	Crop: "Rathbun R-1,"Unit 17, Block 89, T20R26E27 HERBS (Marshmallow)
29	125	Crop: "Rathbun R-2," Unit 17 & 18, Block 89; T20R26E27 HERBS (Catnip, Echinacea Purpurea)
30	5	Crop: "Rathbun R-3," Unit 18 Block 89; T20R26E27 HERBS (Stinging Nettle)

Certification #: 795
Current Certificate Issue Date: October 22, 2013
NOP Effective Date: April 29, 2002
Certified by WSDA Organic Food Program Since 1988

Organic Program Manager
DEPARTMENT OF AGRICULTURE

24 地域にも貢献するニュートリライト農場

サプリメント（ニュートリライト）⑥

「ニュートリライト」の原料を生産する農場は北米だけでなくメキシコ、ブラジルにもある。中でもメキシコ中部のハリス州にある「エル・ペタカル農場」は、メキシコ政府と協力して地下300メートルまで掘り、地下水を得るための灌漑設備を整備。他の農場と同様に化学的農薬を一切使わず、自然の摂理を最大限生かした農法を展開する。メキシコ政府からも模範農場として扱われているほどだ。

こんな話がある。ニュートリライトを開発したカール・レンボーグ博士の子息であるサム・レンボーグ博士がある日、エル・ペタカル農場でメキシコ大統領を出迎えた時のことだ。大統領は農場を視察し、その日の終わりにレンボーグ博士にこう告げたという。「今日はとても素晴らしい一日が過ごせました。この地では、互いにとって有利な関係を作り出せているのですね？」

どういうことですかとレンボーグ博士が尋ねると、大統領は答えた。「私のもとには、この国の安い労働力やエネルギーを求めて世界中から多くの人が訪れます。つまり、私たちから何かを得ようというわけです。しかしあなた方はここに農場を構え、土地を生き返らせ、水をやってくれました。あなた方の持続可能性を考慮した農場運営と農法によって、年を追うごとに土壌が強くなっています」

さらに大統領は続けた。「重要なのが、この土地に暮らす住民の変化です。あなた方がきたころ、彼らは渓谷で水を汲み、やっと暮らしている状態でした。しかしあなた方は診療所や学校を建て、住民は農場で働いている。学校に行き、大学にも通えるでしょう。だから彼らにとっても有利なのです。そして、あなた方にも有利であることはわかっています。最高の植物を濃縮して、世界一の製品を作ることができるからです」。大統領はまさに共生の現場を目の当たりにし、Ｗｉｎ－Ｗｉｎの関係にならないと長続きしないことを言いたかったと推察できる。

ニュートリライトはブラジルの「ウバジャラ農場」でも地域コミュニティに貢献している。現地の子どもたちが通う小学校を支援し、農場の医療施設も現地の人に開放。サッカーなどスポーツチームの育成をサポートする。自然の摂理だけで栽培する農法が認められ、ブラジル北東部で初の有機農法の認定を受けた。販売だけでなく、製造の現場でもアムウェイの共存共栄の精神が基盤になっている。

ニュートリライトの中米・南米農場

メキシコでの
認定書

OTCO
Certification Acknowledgement
This is to certify that
Mexico

7つの火山に囲まれた肥沃な土地

学校を設立して教育をサポート

ハーブの収穫作業

メキシコ・エル・ペタカル農場

ブラジル・ウバジャラ農場

熱帯の約1,600ヘクタールという広大な敷地

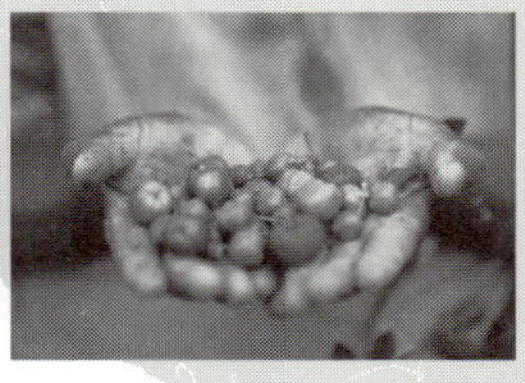

アセロラチェリーなどの果実を栽培

IBD
CERTIFICATIONS
MASTER CERTIFICATE

25

サプリメント（ニュートリライト）⑦

そこまでやるかの研究開発体制

「ファイトケミカルス」という言葉をご存知だろうか。ファイトケミカルスは植物の色や香り、えぐみなどの成分で、本来植物が過酷な環境の中で生き抜くための力である。その種類は数万といわれ、1つの植物に複数含まれている。ファイトケミカルスが現代人に不可欠な栄養素であるという研究が進み、最近では第七の栄養素として注目される。

なぜ、このファイトケミカルスが不可欠な栄養素なのか。私たちは「活性酸素」と呼ばれる生活習慣病の一因となる原因物質と向き合わなければならない。風邪やがん、肌荒れ、脳卒中、老化、動脈硬化など活性酸素が引き金になるし、乱れた生活習慣や食生活によって活性酸素は大量に発生するからだ。しかし、ファイトケミカルスは活性酸素を吸収する力に優れている。ニュートリライトは今のようにファイトケミカルスの研究が進む80年も前から、このファイトケミカルスを追い求めてきたのだ。

米国南カリフォルニアの中心部に位置するブエナパーク。ここに「ニュートリライトヘルスインスティテュート」がある。レイクビューの研究農場（現在は閉鎖中）とともに研究開発の中核を担ってきた場所だ。同拠点には100人以上のサイエンティストが従事し、ファイトケミカルスの力を最大限に生かすべく徹底した研究を進めている。

研究には原料植物の選定や配合比率の検証に使う試験研究ロボットなど、製薬業界でも一部でしか使われていない最先端装置を使用する。また原料植物や成分の有用性を測定するバイオアッセイ機器の一つはNASAが類似型を宇宙で使用するほどだ。さらにどの植物にどのファイトケミカルスが多く含まれるかを研究する超高速液体クロマトグラフィーという装置を16台も保有。これらにより900種以上の植物の有用性情報を蓄積し、製品開発を支援している。

複数ある活性酸素には何が有効か。例えば「ペルオキシ亜硝酸」にはブドウ抽出物、ペルオキシルにはローズマリー抽出物など有効とわかっているが、ファイトケミカルスを有効に摂取するための製法も研究されている。同拠点の最近の研究成果として2014年8月に世界のファイトケミカルスの摂取不足を示唆するレポートを発表。科学界で世界的に権威のある雑誌「British Journal of Nutrition」に掲載された。

ニュートリライト ヘルス インスティテュート

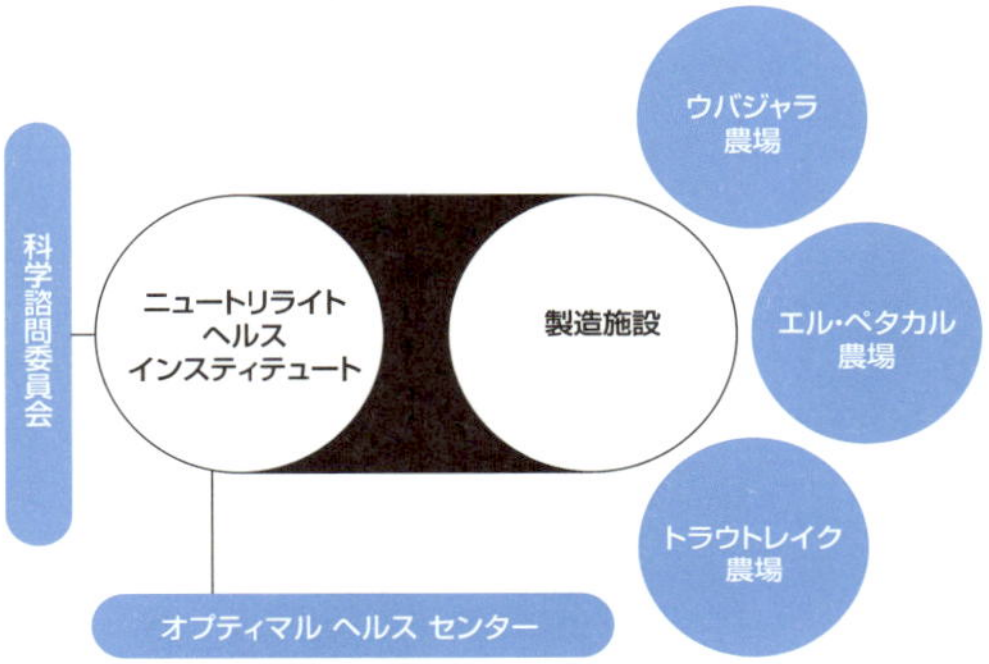

収穫された原料植物が加工され
製品化されるまでの生産システム
と科学の目であくなき探求を続け
る研究・開発システムとの連携で
ニュートリライトは作られている

活性酸素の天敵「ファイトケミカルス」

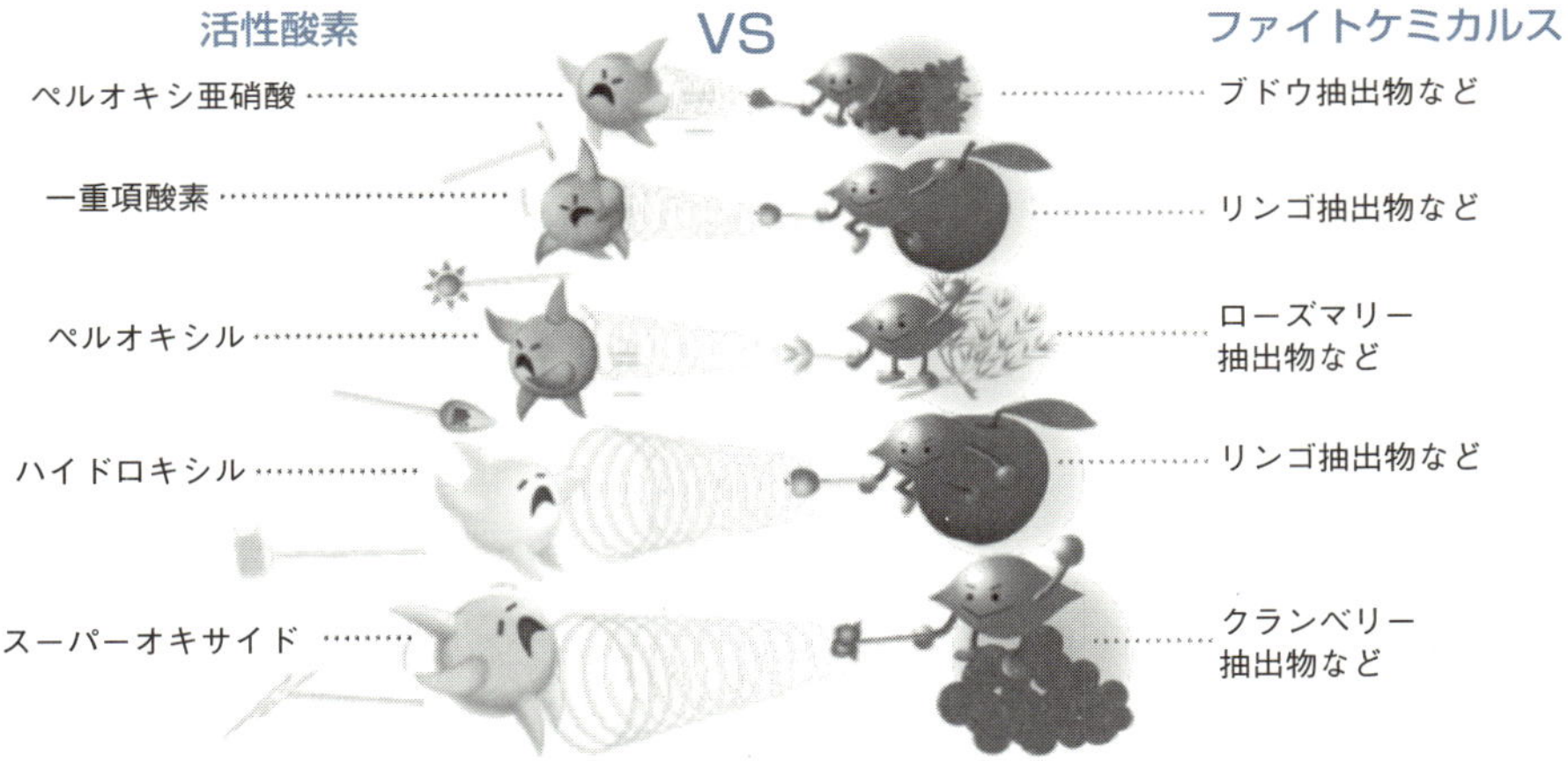

ファイトケミカルスは活性酸素を吸収する力に優れている注目の栄養素

最新鋭の装置を使用

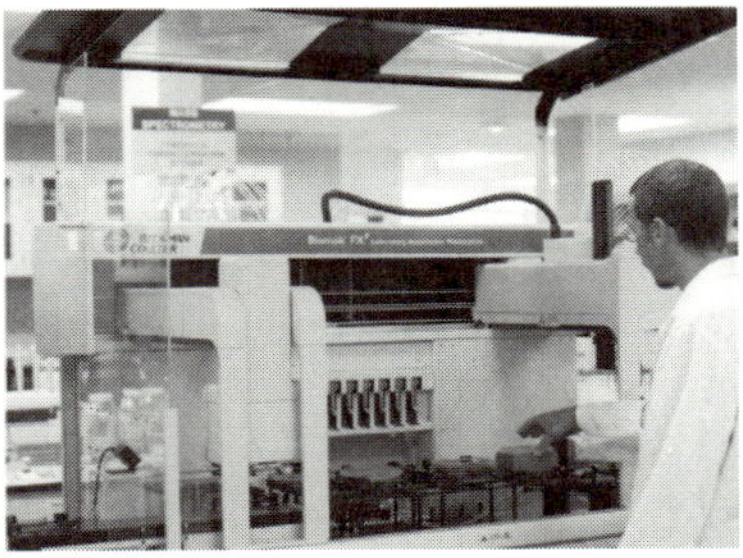

原料植物の選定や配合比率の検証に
使用する試験研究用ロボット

26

サプリメント(ニュートリライト)⑧

最高レベルの安全と品質を保証する独自基準

前項ではニュートリライトが徹底してファイトケミカルスの研究を進めていることを見てきた。この項では安心・安全へのこだわり、製造と品質管理について同ブランドの取り組みを追う。こちらも研究開発同様、「そこまでやるか!」というほど徹底したこだわりを持っている。

まず農法について、これまで環境に配慮した手法や有機栽培を実践してきたことは述べた。それは、実は米国農法基準に裏打ちされている。米国農法基準「Good Agricultural Practice」でベストプラクティス(最優良事例)として採用されているほどだ。また、同ブランドでは最終製品まで安全でないと意味がないと考え、製造・品質管理も米国の最新の製造品質管理基準である「cGMP」に則り、自社で一元管理している。

米国のサプリメントの「cGMP」は厳格で、日本のサプリメントのGMPと比較(比較数字は2014年8月現在)すると日本のGMPが「任意」であるのに対し、米cGMPは「義務」である。日本では製造・品質管理は各社に委ねられる。そのため製造工程ガイドラインも、日本の5ページに比べて米国は815ページと膨大だ。日本のGMPでは崩壊試験は不要だが、米国cGMPでは必須とされ、ニュートリライトでは崩壊基準を30分以内に設定している。また金属混入リスクを最小化するため、すべての打錠機の出口に金属検出器を設置する念の入れようだ。

このほか、手軽な殺菌手段として放射線照射があるが、原材料などの分子に微妙な変化が生じ有害物質に変わる恐れがあるため現在は禁止されている。ここでも、ニュートリライトは使用する原材料が本当に放射線殺菌を受けていないか検査している。より精度の高い分析を行うため、ブエナパークの同施設で使用する品質管理・製造関連の最新鋭機器には総額60億円以上を投資。FDA(米国医薬品食品局)の査察では、約70%の企業で1~8個の改善点が指摘されるが、12~13年に実施された査察でニュートリライトは1つの改善点も指摘されなかったという。

同拠点では、独自の濃縮製法で植物の皮や種をできるだけ丸ごと閉じ込めるなど、ファイトケミカルスを生かす製法が研究されている。こうした研究を具現化する製造や品質管理の仕組みは厳格に展開されている。それもこれも、すべては「最善の健康」を世界の人々に届けるためだ。

cGMPとは?

cGMP

汚染や混合、栄養価の偏りなどがないようサプリメントの品質を維持するための製造基準＝サプリメントGMP(製造品質管理基準：Good Manufacturing Practice)

米国の基準はc(current)GMPと呼び、常に最新版のGMPに則ってサプリメントを製造することが義務づけられる

米国と日本のGMPの違い

サプリメント GMP	サプリメント cGMP
任意	義務
製造工程ガイドライン 5ページ	製造工程ガイドライン 815ページ

2014年8月現在

日々進化するサプリメントの製造・研究・開発

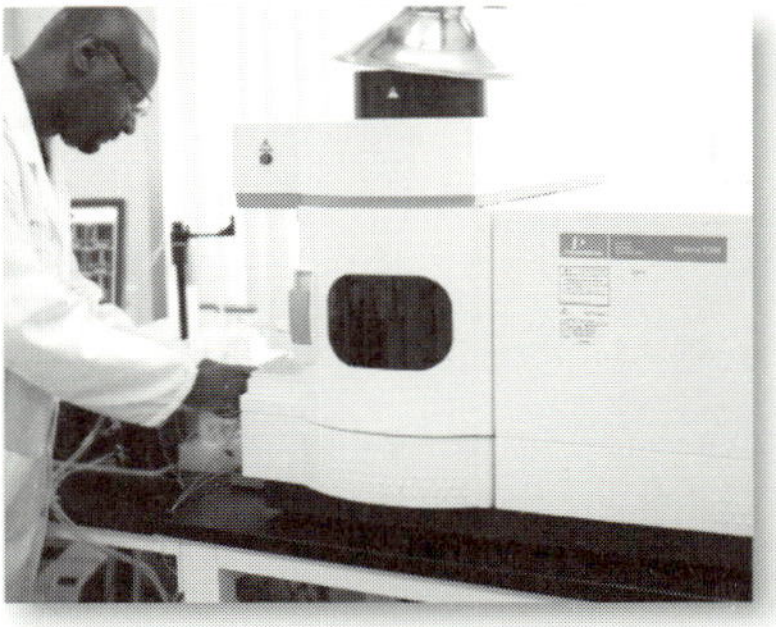

より精度の高い分析を行うため、常に最新鋭の機器を完備

厳しい製造・品質管理基準を通過した製品のみ出荷される

27 多種類の栄養素を摂取できるトリプルX

サプリメント（ニュートリライト）⑨

日本アムウェイの主力ブランドである「ニュートリライト」のサプリメントは多種類が揃っている。ベースとなるサプリメントや、不足している栄養素を補完するもの、さらにエイジングサポートや生活習慣サポートなどと目的別に揃えられており、例えば外食が多く野菜不足が気になる人や、タバコを吸う人、お酒を飲む人というように、ユーザーのライフスタイルや健康状態に応じてサプリメントを推奨できる設計となっている。

ニュートリライトの中でも、主力製品でベースのサプリメントと呼べるのが「トリプルX」だ。ビタミンは「B1」「B2」「C」など12種類、ミネラルも「カルシウム」「マグネシウム」「ヨウ素」など10種類、さらに「ポリフェノール」「カロテノイド」など豊富なファイトケミカルスがバランス良く含まれている。特に、ニュートリライトが連綿と追求してきたファイトケミカルスについては、21種類の原料植物から18種類の植物濃縮物にまるごと閉じ込めることによって、植物に含まれる豊富なファイトケミカルスを補給できる。

ファイトケミカルスは前項で見てきたように、活性酸素と結びついてこれを吸収する性質を持っている。活性酸素は本来、人体に必要なものだが、増えすぎると老化や生活習慣病の原因になることがわかっている。

こうした有用成分のファイトケミカルスも同じ原料を使用したサプリメントでも、加工方法で成分に大きな差ができると言われる。ニュートリライトは植物をまるごと活用することにこだわった濃縮サプリメントであり、ファイトケミカルスをまるごと摂取できるのが特徴だ。

それが、トリプルXの場合はタブレットで簡単に摂取できる。これで一日に必要なビタミンの２００％（ビタミンAとビタミンDを除く）、ミネラルは同１００％（カルシウムとマグネシウムを除く）を充足することができるとしている。

まさに多忙な現代人にピッタリ合ったサプリメントで、食生活や生活習慣、美容などをサポートしてくれる商品と言える。今後、核家族化の進行などを背景に外食の機会が増え、野菜不足の人はますます増えると見られる。また、お酒を飲む機会が多い人などにとっては打ってつけの生活サポート商品だ。

自然をまるごと濃縮したサプリメント

トリプルX 3セル

こだわりの集大成

選び抜かれた21種類のみずみずしい原料植物を使用 → 自然界のパワーを閉じ込めた18種類の植物濃縮物 → 植物のありのままの力をサプリメントに凝縮

毎日に必要な栄養素をバランス良く配合

一日に必要なビタミン
200%を
ほぼ充足することができる
ただし、ビタミンAは133.3%、
ビタミンDは100%

ビタミン
12種

ミネラル
10種

一日に必要なミネラル
100%を
ほぼ充足することができる
ただし、マグネシウムは40%、
カルシウムは85.7%

＋

活性酸素の天敵
ファイトケミカルスを
種類豊富に配合

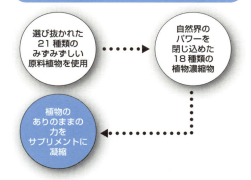

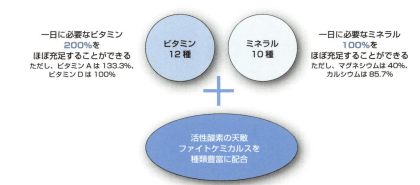

28 化粧品（アーティストリー）①
世界のトップ5に入る隠れたブランド

世界の高級化粧品ブランド（スキンケア・メイクアップ）の売り上げで、過去10年以上にわたりトップ5にランキングされるアムウェイの化粧品ブランド「アーティストリー」（ユーロモニターインターナショナル調査、2014年）。あまたある世界の高級化粧品ブランドの中で、アーティストリーがこれほどまでに長く安定的に女性の支持を集めるのには、理由がある。

まず、アーティストリーは米国ミシガン州のエイダに広大な施設と研究機関を持ち、米国食品医薬品局（FDA）が医薬品製造工場に定めた基準を超える厳格な品質管理の下で製造を行っていること、そして5〜10年先を見据えた地道な基礎研究から、先端テクノロジーを駆使する開発まで広範な領域の研究を続け、独自の製品開発を維持することなどで、「品質が命」という製品作りを行っていることが挙げられる。

また、エイダ以外にも世界89カ所に研究開発施設を持ち、現在も500人を超える科学者、エンジニア、外部のスペシャリストとも協力関係を結んでいる。この研究開発体制の下、世界で200を超える特許権、または特許申請が行われ、重要な論文の発表も65件に及んでいる。

アーティストリーが世界的に支持される大きな要因は、アムウェイが掲げる製品コンセプトの魅力と実効性の高さにほかならない。そのコンセプトは「IMAGINATION—創造」するための、「INVENTION—革新的なサイエンスの応用」と「DISCOVERY—有用性の高い成分の探求」の2つの要素で構成される。

「IMAGINATION—創造」とは、「1人ひとりの女性が本来持つ美しさを創造する」ことだ。その実現のため、アーティストリーはアムウェイのサプリメント「ニュートリライト」の研究で培った栄養学と先進の科学を融合させた開発も行っており、限りない美の可能性を追求している。科学者や技術者、そして著名なメイクアップアーティストらによって、先進のスキンケアと洗練されたカラーメイクを開発している。

アーティストリーの、1歩ずつ前へ向かう自立した女性と未来を表現した「Crescendo（クレッシェンド）」のスタイリッシュなデザインのパッケージは、世界トップ5のブランドをさらなるプレステージへと導く。

アーティストリーラインアップ

ハイドラ アクア

ユースエクセンド リフトユー

ユースエクセンド

インテンシブープロ

クリーム L/X

イデアル ラディアンス

アーティストリー メン

ベースメイク

カラーメイク

29 科学的な知見を革新的な美と製品の開発に応用

化粧品（アーティストリー）②

化粧品ブランド「アーティストリー」コンセプトの1つ目の要素は、「INVENTION―革新的なサイエンスの応用」だ。美しさをつくり、まもり続けるためのアーティストリーのこだわりが凝縮されたコンセプトだが、これは3つの要素に分かれるので1つずつ見ていこう。

まずは、皮膚科学分野の世界的権威で構成される「アーティストリー科学諮問委員会（ARTISTRY SCIENCE ADVISORY BOARD）」の創設である。皮膚科学研究の最新情報の収集、先進科学と医療分野の知識の融合を行い、スキンケア製品の技術革新を日々目指している。

2つ目は、世界で200を超える特許権と特許出願の保有だ。未来のテクノロジーを今日に実現するために、アーティストリーは常に優れた成果を求め、世界で200以上の特許権と特許出願を保有している。また、一流大学と協力関係を構築し、科学的な知見を革新的な美と製品の開発に応用することで、常に先進の美を追求している。

そして3つ目は、日本人の肌質の徹底研究だ。アーティストリーの研究開発では、高解像度カメラで顔全体の皮膚変化を測定できる「F.A.C.E.S.（フェイシャル分析コンピューター評価システム）」を採用（詳細は次項参照）。日本人の肌質やニーズに合った製品開発を実践している。アムウェイは地域別のマーケティングに力を入れており、日本を含むアジア全域における研究開発とマーケティング戦略を強化する一環として、韓国に「アジア ビューティイノベーション センター」を開設。日本人の肌質を研究し、日本人のニーズに合う製品開発を実践している。日本人女性が安心して使用できるブランドとして、常に進化を続けているのだ。

化粧品はほぼ毎日使用するもの。だからこそ、その効果と同時に、安全性の高さが使用者にとっては最も大切なブランドの選択理由となる。同社では高い品質の信頼性の確保に向けて、自社におけるスキンタイプのテストのほかに、第三者機関による臨床データの検証などを実施している。アーティストリーが過去10年以上にわたりトップ5に名を連ねるのは、こうした堅実で幅広い分野における努力の結果を反映したものだ。多くのリピーターを生み出す同ブランドの底力が、このコンセプトにあふれている。

革新的技術を製品開発に応用

左から
パトリシア・オグリヴィー医師、ウェイ・ライ博士、ゲーリー・J・フィッシャー博士、ダイアン・シバートット医師、ケネス・S・コーンマン博士、ソユン・チョ博士、ジョン・M・パウェレク博士

200以上の特許で先進の美を追求

一流大学と協力関係を構築し、化学的な知見を革新的な美と製品の開発に応用する

日本人の肌質を徹底研究

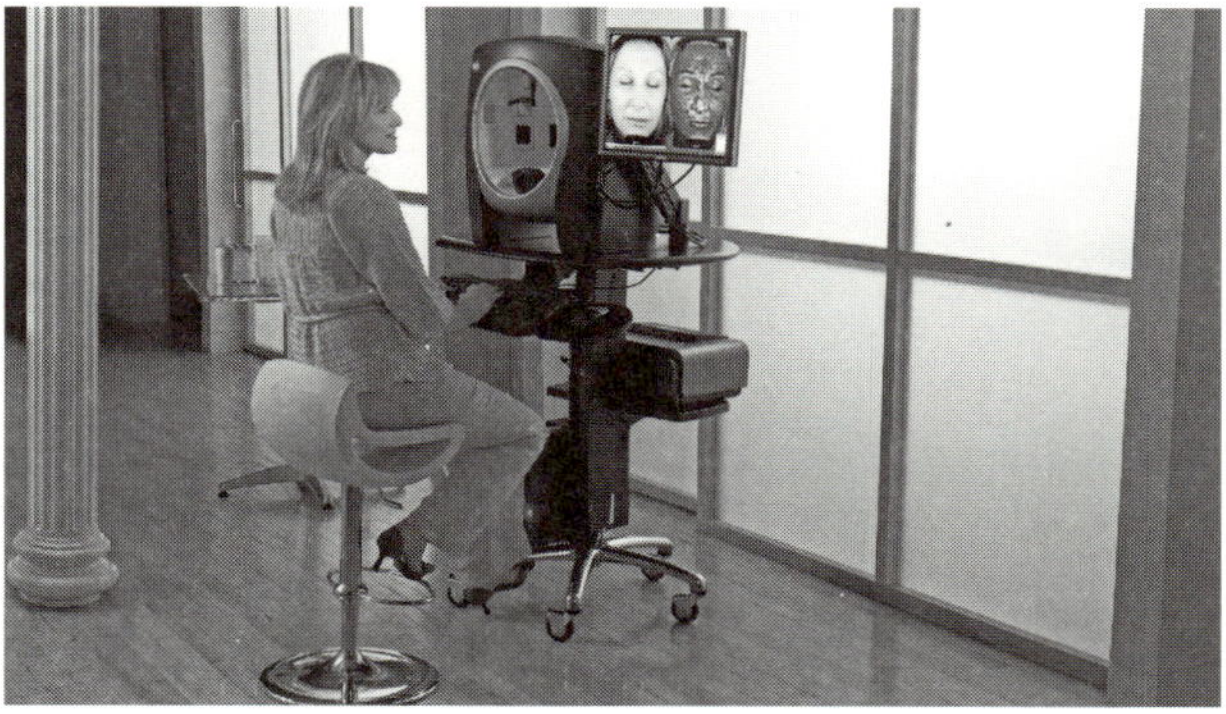

高解像度カメラで、顔全体の皮膚変化を測定できる「F.A.C.E.S.（フェイシャル分析コンピュータ評価システム）」を採用

30 化粧品(アーティストリー)③

世界中から有用性の高い成分を探求

化粧品ブランド「アーティストリー」の最後のコンセプトは、「DISCOVERY―有用性の高い成分の探求」だ。アーティストリーでは、肌に最適な効果をもたらす成分を徹底的に研究している。地中海沿岸の植物「ギンバイカ」の葉から抽出した独自の「ライフサート」と呼ばれるエキスをはじめとした、貴重な成分を世界中から探し出し、製品に配合している。

また、アーティストリーの製品の多くには、「ニュートリライト」とのコラボレーションにより生まれた植物成分を配合。化学肥料・化学農薬を一切使わない有機農法で収穫後、数時間以内に乾燥させて加工した、自然の貴重な栄養素を閉じ込めている。アーティストリーは、科学の力のみならず自然の恵みにも着目し、肌への効果を高める可能性を探求し続けている。

こうしたさまざま取り組みによる結果と効果は、アーティストリーが誇る最先端の機器を使用した測定技術により、それぞれの数値を定量的に確認している。例えば「多機能皮膚弾力測定器」では皮膚を2秒間吸引した後、どのくらいの速度で元に戻るかを測定することで、皮膚のハリと弾力を計測できる。今では計測した数値から、被験者の年齢を推定できるまでにハリと年齢の相関関係を確立している。また、皮膚を傷つけることなく、表皮から真皮まで肌内部の変化を計測、定量化、評価できるのが「超音波測定装置」だ。肌の内部構造の計測に適しており、肌の改善状況を的確に知ることができる。

一方、「F.A.C.E.S.」は、製品の使用前後の比較評価ができる機器だ。高解像度カメラにさまざまなフィルターを装着したブースで、被験者の顔全体の皮膚変化をとらえることができる。将来的には被験者の顔全体を撮影するだけで色素沈着やシワ、乾燥などすべての老化のサインに関する計測、定量化を可能にする。これにより、肌分析や製品アドバイスがスムーズに行えるという。

ここまで、アーティストリーの魅力あふれるコンセプトと、それを発展させ充実させる計測機器を見てきた。ブランドが世界のトップ5にランクインし続けるのは、こうしたフロンティア精神や先見性が地道な研究開発と相乗効果をもたらし、顧客満足度とともにリピート率を上げてきたからにほかならない。

有用性の高い成分の探求

ギンバイカ

海の宝石とも呼ばれるタヒチアンパール

世界有数の純度を持つノルウェー・フィヨルドの水

肌に最適な効果をもたらす成分を徹底的に研究。地中海沿岸の植物「ギンパイカ」の葉から抽出した独自エキス「ライフサート（加水分解ギンパイカ葉エキスV）コンディショニング成分」をはじめとした、貴重な成分を世界中から探し出し、製品に配合している

良質なタンパク質を含むレッドキャビア

ニュートリライトの自社農場で有機栽培された原料を配合

トラウトレイク農場（アメリカ・ワシントン南部）

アーティストリー製品の多くには、ニュートリライトとのコラボレーションにより生まれた植物成分を配合。化学肥料・化学農薬を一切使わない有機農法で収穫後、数時間以内に乾燥させて加工した自然の貴重な栄養素を閉じ込めている

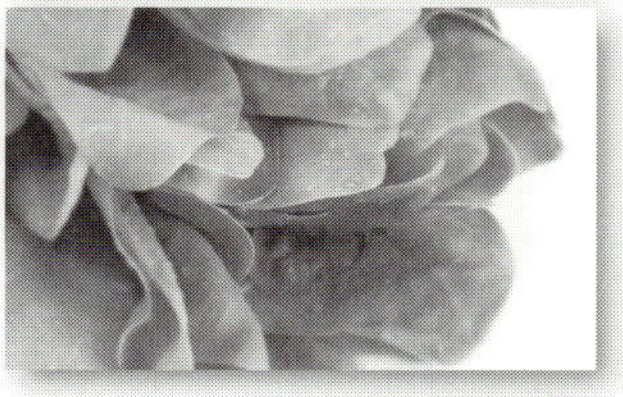
アセロラチェリー（上）／ほうれんそう（下）

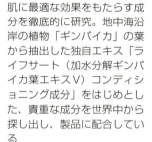

31 化粧品(アーティストリー)④

細胞エネルギーの産生に着目したクリーム

アーティストリーの科学者たちは、長年の研究を通じて、「細胞」にこそ理想の肌を保つ秘密があることに注目した。そしてさらなる研究開発を続けた結果、「細胞エネルギー」の重要性にたどり着く。細胞エネルギーは美肌を作る活動源であるため、産生効率が減少するとさまざまな肌の悩みの原因となる。細胞エネルギーの産生が減少すると、エイジング（加齢）サインとして肌に表れてしまうのだ。

この細胞エネルギーの産生に着目して、唯一開発されたラインが、なめらかなハリといきいきとしたツヤが実感できるラグジュアリークリーム「クリームL／X」と、目まわり全方位の悩みに着目したアイクリーム「クリームL／X アイ」だ。美肌のためには、細胞エネルギーを作ることをサポートし、さらに細胞エネルギーを作るミトコンドリアを破壊から守ることが大切になってくる。「クリームL／X」および「クリームL／X アイ」では、先端テクノロジーを注ぎ込んで到達した独自技術である「セルエフェクト」*1を採用し、肌にエネルギーに満ちたハリを与えることを可能としている。

では、セルエフェクトとは具体的にどのような技術なのか。セルエフェクトには主に2つの働きがある。1つは美しい肌を「つくる」こと、そしてもう1つは肌を「まもること」だ。美しい肌を作るのは、細胞エネルギーに着目して開発された、ハリを与える成分である「CLリポ複合体（カルジオリピン*2、Lカルノシン）」、そして肌をまもるのは、こちらも細胞エネルギーに着目して開発された、肌をすこやかに保つ成分の「ホウレンソウ葉エキス（コンディショニング成分）」だ。この2要素の働きにより、「クリームL／X」と「クリームL／X アイ」は、ともにエネルギーに満ちたハリを与え、透き通るような輝きを引き出す。

また、女性が一番気になる目元をケアする「クリームL／X アイ」には加えて、植物由来である美容成分「コンディショニング成分：ホワイトルピナエキス（加水分解シロバナルーピンタンパク）、アルファルファエキス（アルファルファ種子エキス）、ツボクサエキス、カフェイン」などとともに、肌をピンと引き上げるリフトヴェール（アルゲンエキス、プルラン／皮膚形成成分）も配合。エイジングケアを徹底している。

細胞エネルギーに着目して開発された化粧品

アーティストリー クリーム L/X（クリーム、アイクリーム）

セルエフェクトのWメカニズム

エネルギーに満ちたハリを与え、透き通るような輝きを引き出す

つくる

ハリを与えて美しい肌をつくる

細胞エネルギーに着目して開発されたハリを与える成分、CLリポ複合体（カルジオリピン、Lカルノシン／ハリを与える成分）

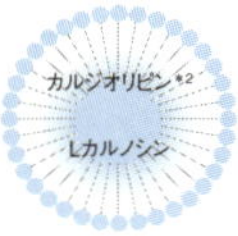

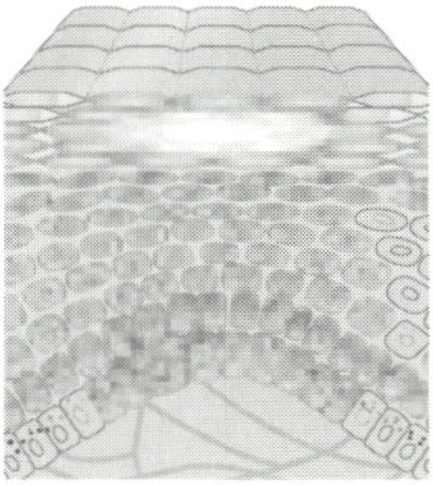

セルエフェクト*1

まもる

肌をすこやかに保ち、美しい肌をまもる

細胞エネルギーに着目して開発された肌をすこやかに保つ成分、ホウレンソウ葉エキス（コンディショニング成分）

＊1：英語でセルは細胞、エフェクトは効果という意味
＊2 カルジオリピン：ミトコンドリア内膜に存在する脂質に類似した成分

32 化粧品（アーティストリー）⑤
効果を実感するエイジングケアシリーズ

年齢とともに表れるエイジングサインが気になる肌のために、アーティストリーでは2種類のケアシリーズをラインアップしている。1つは長寿遺伝子に着目して開発された「ユースエクセンド」、もう1つは老化コラーゲンに着目して開発された「ユースエクセンド リフトユー」である。

ともに、肌への浸透力を高めるために極小サイズの独自成分であるマイクロペプチドと、コラーゲンを壊す原因となる外的刺激から肌を保護する成分であるグリーンアセロラチェリーを配合している。

ユースエクセンドは、肌のシワやハリ・弾力の低下などが気になる肌を整えるシリーズ。これらのトラブルは、肌細胞の活動が低下してコラーゲンが作られなくなることが原因だ。年齢を重ねてもコラーゲン産生を保つには、肌細胞を若く保ち、活動的に働かせることが大切となる。そこで、アーティストリーは肌細胞の寿命に関する調査を進め、長寿遺伝子がそのコラーゲン産生を促すカギとなることに着目した。

長寿遺伝子とは肌細胞の寿命に関わる遺伝子で、長寿遺伝子が適切に働くことで肌細胞は若く保たれ、コラーゲン産生も保たれることがわかってきた。そこで、ユースエクセンドにはエイジングケアシリーズの共通成分に加え、長寿遺伝子の働きに着目して開発された「ライフサート」を配合している。ライフサートは、地中海沿岸の木「ギンバイカ」の葉から抽出したエキスをコンディショニング成分として含んでおり、未来を見据えたエイジングケアを担う。

一方のユースエクセンド リフトユーは、黄ぐすみ、たるみの気になる年齢肌を引き締め、リフト感のある若々しい肌印象へと導くシリーズだ。このシリーズは、蓄積した老化コラーゲンの分解に着目して開発されている。紫外線や乾燥などでダメージを受けて壊されたコラーゲン（老コラーゲン）が肌に蓄積されると、黄ぐすみやたるみの原因となり、肌に表れる。そこで、独自成分である「レッドキャビアコンセントレイト」を配合、肌にハリを与えてクッキリと引き締め、ハリを与えてリフト感のある肌を実現する。

製品は「落とす・洗う」、「整える・与える」、「補う・保つ」のステップに分かれたラインアップが揃っており、肌の状態に合った選択が可能だ。

エイジングケアシリーズ共通成分

外的刺激から肌をまもる
コラーゲンを壊す原因となる、乾燥などの外的刺激から肌を保護する成分。ニュートリライト農場で有機栽培された植物を採用。

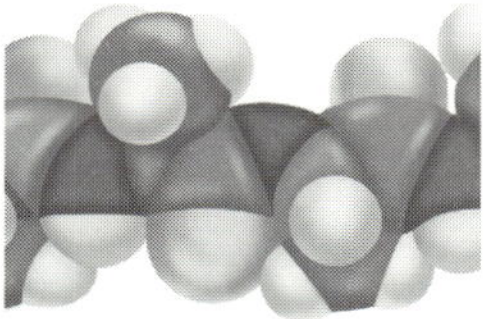

ハリに満ちた美肌をつくる
肌への浸透性を高めるため、極小サイズの独自成分マイクロペプチド（パルミトイルヘキサペプチド-15/コンディショニング成分）を採用

黄ぐすみ･たるみの原因となる老化コラーゲン

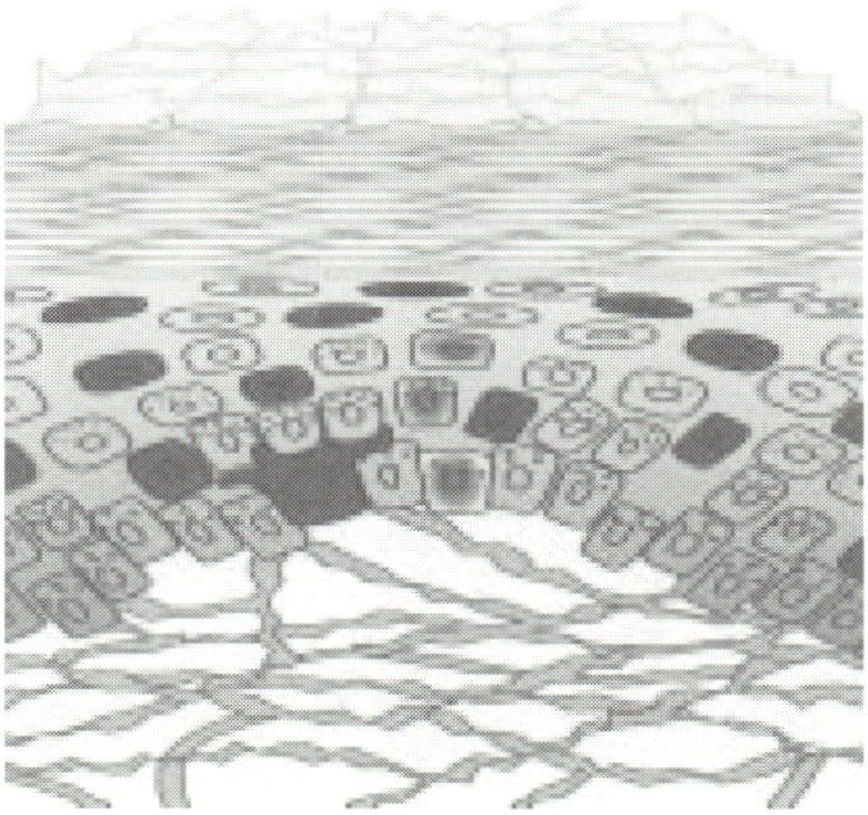

肌細胞の活動が低下してコラーゲン産生量が低下する

33

ヘアケア・ボディケア

髪と肌を守る独自の特長成分

アムウェイでは、「アーティストリー」という世界でナンバー5に入る化粧品ブランドを発売しているが、そうしたビューティーケアの延長線上にあるのが、ヘアケアとボディケアのブランド「サテニーク」だ。毎日のケアで髪本来の強さを取り戻すことを目的としたヘアケアシリーズと、穏やかな処方で家族みんなの肌に優しい「ボディシリーズ」には、それぞれ髪と肌を守るための独自の特徴がある。

髪の強さや髪質を決める内部の主要部分（コルテックス）は、髪の外側のキューティクルに守られている。しかし髪には自己修復機能がないため、ダメージを受けた髪にはそれを補修し、髪本来の強さを取り戻させるケアが必要となる。このケアのために、アムウェイが長年の毛髪研究の結果、開発に成功した独自の選択補修成分「エナジューヴ」を配合したのがヘアケアシリーズだ。

エナジューヴはプラスに帯電するため、マイナス帯電の強いダメージ部分に選択的に吸着し、コルテックスへ浸透。ダメージを受けた部分を集中的に補修する。さらに、キューティクルをなめらかに補修することで、髪本来の強さを取り戻す働きがある。また、エナジューヴで補修された髪を、さらに理想の髪質・頭皮環境に近づけるため、ドライヘア用にはククイシードオイルとプロビタミンB5、ダメージヘア用はザクロエキスというように製品ごとに厳選された成分を配合し、強さとしなやかさに満ちた髪へと導く。

一方、肌にやさしくうるおいを与えるだけでなく、肌の健康と密接に関わる皮膚のバリア機能に着目した独自の複合植物保湿成分「PEC5（Plant Extract Complex）」配合で、肌をやさしく整えるのが、「ボディシリーズ」だ。PEC5とは、皮膚にうるおいを与えて整える成分のことで、5種類の植物由来成分〈メドウフォームオイル、シアバター、サフラワーオイル、レシチン〈大豆由来〉、スクワレン〈オリーブオイル由来〉〉からなる複合植物保湿成分となっている。ボディシャンプーからUVケア製品まで豊富なラインアップを揃え、家族全員の健やかな肌をサポートする。

また、毛母細胞を活性化して発毛を促進する育毛剤「アムウェイ育毛剤 サイトマックス（医薬部外品）」も用意。血行促進や清潔維持など育毛環境を整えて育毛へと導き、太く健やかな髪を目指した処方となっている。

サテニーク製品（一部紹介）

ヘアケア製品例

ボディケア製品例

独自の独自の補修成分エナジューヴ

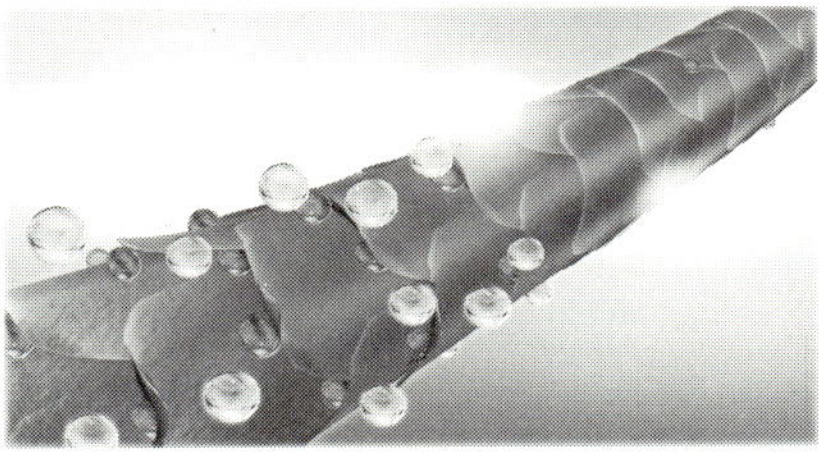

プラスに帯電する「エナジューヴ[*3]」がマイナス帯電が強いダメージ部分に選択的に吸着し、コルテックスへ浸透。ダメージを受けた部分を集中的に補修する。 さらにキューティクルをなめらかに補修し、艶やかな髪にする

＊3　毛髪補修成分（リピッド、18-MEA（脂肪膜）、クレアチン）からなるコンプレックス

植物由来成分・保湿成分

ククイシードオイル[*1]
髪に弾力とうるおいを与える

プロビタミンB5[*1]
髪表面をコートし、髪をなめらかに整える

ザクロエキス[*1]
乾燥して輝きが失われた髪を補修し、整える

グレープシードエキス[*2]
髪を補修し、外的ダメージから髪を守る

＊1　保湿成分／＊2　毛髪補修成分

34

バスルーム浄水器

独自の浄水システムで安心なお湯を提供

バスルームの水には、必ず遊離残留塩素が含まれている。これは、水道水の衛生維持には必要不可欠なのだが、「バスタブに浸かると肌がピリピリする」、「肌が乾燥しやすい」、「髪がゴワついてまとまりにくい」、「カルキの臭いが気になる」などバスタイムのトラブルに関わっている可能性があり、美容にとっては大敵と言える成分だ。美しさを極めるという観点から、この問題を重要視したアムウェイは、「バスルームの水を変える」という発想にたどりつく。そしてそれを実現するのが、肌や髪への刺激を防ぎ、本来の美しさをサポートするバスルーム浄水器「ＢａｔｈＳｐｒｉｎｇ」だ。この浄水器を使った浄水での入浴は、まるで天然水のようなやわらかで安心なお湯で、毎日のバスタイムをワンランク上の美容の時間に変えてくれる。

では、なぜ遊離残留塩素は肌のトラブルへつながる可能性があるのか。それは、遊離残留塩素を含むさまざまな原因によってタンパク質が酸化・分解されると、健やかな肌が育まれにくい環境となり、ダメージを引き起こすきっかけとなるからだ。そして酸化によるタンパク質の分解は、皮膚のバリア機能の低下をもたらし、アレルゲンや微生物などの外的刺激から肌を守れなくなるだけでなく、肌内部の水分を保つこともできなくなり、乾燥肌・敏感肌を招く可能性がある。

ＢａｔｈＳｐｒｉｎｇには、独自の技術を集結した新・圧縮活性炭フィルターを採用。遊離残留塩素の除去率は99％以上を実現し、５マイクロメーター以上のにごりや赤サビなどの微粒子までをしっかり除去する。また小型化と高度な浄水性能を同時に実現し、製品の本体サイズを従来製品よりも20％ダウンしたにもかかわらず、15万リットルの水を通しても、初期の除去性能が最後まで続き安定的にワンランク上の水質を保持することができるのだ。この15万リットルという数値は、日本人の入浴習慣に基づいて算出した１日の水の使用量４４０リットルを目安にしたもので、約１年間の寿命を保証するものとなっている。

このほかにも、フィルターカートリッジサイズの約30％ダウン、本体重量の約40％ダウン、浄水時の水流量の50％アップなど使用上の快適さにもこだわった。アムウェイが長年にわたって蓄積した浄水技術の研究成果が、この一台に凝縮されている。

BathSpringバスルーム浄水器

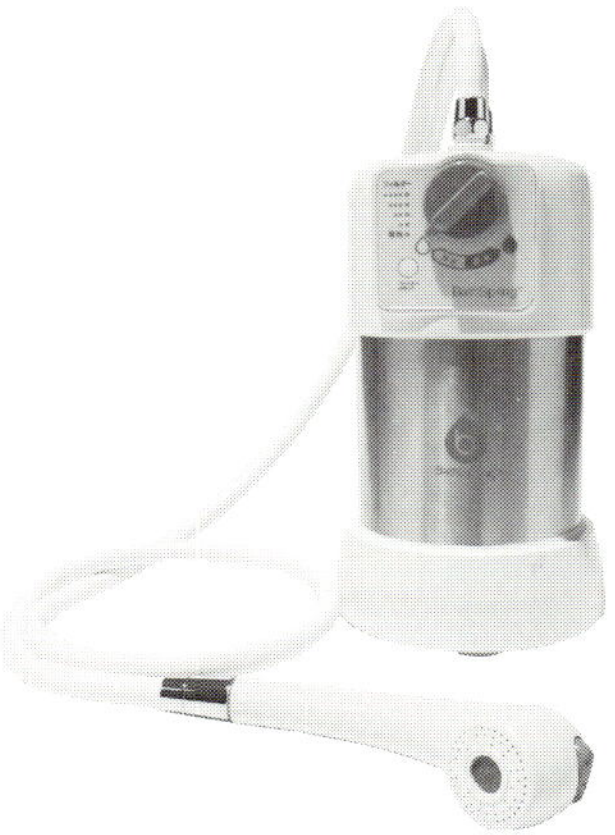

負担をかけない浄水入浴

浄水で入浴することは、肌や髪への刺激を防ぎ、
本来の美しさを育むサポートになると言われている

原水で入浴を行うと…	遊離残留塩素によって刺激を受けやすい肌となる ▶	肌の角質層の保湿機能が低下する ▶	カサカサ・ヒリヒリ・ムズムズ・かゆみ ▶	ドライスキン／肌荒れ／乾燥肌などを引き起こす原因のひとつとなり得る
浄水入浴を行うと…	遊離残留塩素による刺激が少なくなる ▶	肌の角質層の保湿機能の低下を防ぐ ▶	カサカサ・ヒリヒリ・ムズムズ・かゆみが低下する ▶	かゆみや刺激が低下し、肌のトラブルが減少する

新しい圧縮活性炭フィルター

活性炭のより均一な圧縮生成で隙間を一定に保ち、ろ過効率を高め、高い浄水性能と流量アップの両立を可能にした

35

浄水器

3段階の浄水システムで作る安心でおいしい水

人のカラダをつくっている物質の中で最も多いのは水で、平均的な体重の成人で60%、幼児や子供では約80%にもなるという。人のカラダは想像以上に水で占められているのだ。このように、生命活動を維持する観点からも重要性の高い水だが、健康志向の高まりとともに、すでに6割の人が飲み水として水道水を使っていないことが内閣府による「水に関する世論調査」（2008年）でわかっている。

アムウェイが日本の浄水器市場で第1号の製品を発売したのが1994年。以降その開発ノウハウをさらに進め、2009年には細部にわたって先進のテクノロジーを駆使した最新型の「eSpring浄水器Ⅱ」が発売されている。eSpring浄水器Ⅱの特徴は、何といっても3段階の浄水システムを採用していることだ。ステップ1では、水道水に混入する物質のうち5マイクロメーター以上の比較的大きな粒子を除去する。ステップ2では一般的な粒状活性炭ではなく、アムウェイ独自の「圧縮活性炭」を採用。0・2マイクロメーター以上の微粒子を物理的に取り除き、塩素やトリハロメタンなどの有機化学物質は吸着して効果的に除去する。そしてステップ3では、2本のチューブから強力な紫外線照射を約1秒間受けることにより、圧縮活性炭フィルターで除去しきれない微粒子のカビやバクテリア、ウイルス、細菌などの微生物を99%不活性化して、より安心な水を作るのである。

アムウェイのこだわりはこれだけではない。140以上もの物質を効果的に除去する圧縮活性炭フィルターと、ウイルスや細菌の不活性化までを行う紫外線ランプによる浄水性能の高さにもかかわらず、eSpring浄水器Ⅱで浄化された水には、水に含まれるミネラル分はそのまま残されている。ただクリーンな水を作り出すだけではなく、水本来が持つおいしさの要因は失わない技術。これこそが「安心で、しかもおいしい水を生み出す」という、最も根源的な機能に対するこだわりから生まれた浄水器なのだ。

eSpring浄水器Ⅱは、米国をはじめとする各国で特許を取得し、さらにはNSFインターナショナルやWQA（Water Quality Assosiation）など、国際的な認定機関の基準をクリア。その高い技術力を実証している。なお、eｓpring浄水器は、NSF／ANSI－401飲料水処理規格に基づく世界初の認証を受けた。

NSFインターナショナルの基準をクリアした浄水器

項　目	除去能力	
	NSFインターナショナル※	eSpring浄水器
塩素（味と臭気）	75%以上除去	98%以上除去
粒　子	直径0.5マイクロメートル以上の粒子の85%以上除去	直径0.2マイクロメートル以上の粒子の99%以上除去
アスベスト	99%以上除去	99%以上除去
胞子（原生動物）	直径4〜6マイクロメートル以上の粒子の99.9%以上除去	直径4〜6マイクロメートル以上の粒子の99.9%以上除去
化学物質（健康への影響）	有機・無機化学物質の67〜95%除去（化学物質により除去率異なる）	有機・無機化学物質の81.2〜99.9%除去（化学物質により除去率異なる）
微生物（バクテリア）構成	紫外線照度定格ー16,000μW-sec／cm² 以上	紫外線照度定格ー70,000μW-sec／cm²バクテリアのほか、ウイルス、藻類、カビも効果的に抑制

※NSFインターナショナルとは、公衆衛生の安全や環境保全についての試験を行っている国際的な第三者としての認定機関で、1944年に非営利団体として、科学者、技術者、学識経験者および分析の専門家たちによって設立された。さまざまな家庭用品、工業用品のための審査基準を独自に設定し、その基準に基づき試験・認定などを行う機関である

NSF認証マーク

INDEPENDENTLY NSF CERTIFIED

- ●感覚的要因の除去性能基準（No.42）
- ●健康に影響を与える要因の除去性能基準（NO.53）
- ●紫外線による微生物抑制基準
- ●汚染物質の除去性能基準（No.401）

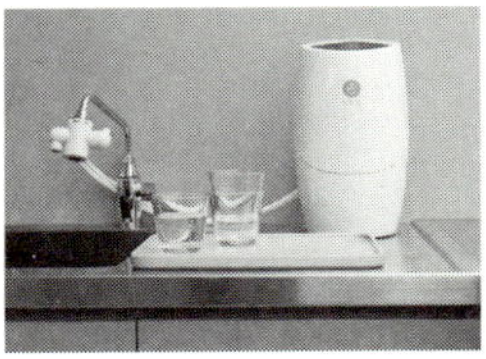

eSpring浄水器Ⅱ

WQAゴールドシール認定

TESTED AND CERTIFIED Water Quality. ANSI/NSF 42 ANSI/NSF 53 ANSI/NSF 55 UNDER INDUSTRY STANDARDS

米国浄水器市場の歴史ある第三者機関のWQA（水質協会）では、ある一定の基準に適合した浄水器のみにゴールドシールを付与している

環境賞授与

GPEC 2010 Society of Plastics Engineers Global Plastics Environmental Conference

旧製品に比べて高い浄水性能はそのままに、電力消費量を約46%削減し、カートリッジに使用しているプラスチックを50%以上もカット。このことが、第三者機関（米国プラスチック技術者協会）より評価された

36

空気清浄機

きれいな空気をハイパワーで送り出す

空気の中には、目に見えないカビやダニの死骸、花粉、細菌など微細な汚染物質が多くひそんでいる。こうした室内環境を健康で快適にするのが、「アトモスフィア空気清浄機S」である。アトモスフィア空気清浄機Sを開発する際、アムウェイがこだわったのが、「空気清浄機にとってベストとは何か」について答えを出すことだった。その答えは、単純にサイズや価格を抑えることでも、いたずらに過剰な機能を付加することでもなく、「高い清浄能力と脱臭性能によって、きれいな空気をどれだけ多く送り出せるか」という基本性能の向上を追求することだった。

そこで考え出された開発コンセプトが、「クオリティ・イン・バランス」。「ハイパワー」、「静音性」、「ユーザーフレンドリー」という3つのクオリティをバランス良く結集させることだ。その結果完成したアトモスフィア空気清浄機Sは、16畳分のきれいな空気を約9分で送り出すハイパワー、快適で過ごしやすい室内を約束する静音性、そしてフィルターモニターランプをはじめとする、使う人の立場に立ったユーザーフレンドリーを実現している。

一方、空気清浄機の心臓部とも言える除去性能は、94種類の花粉やウイルスなど1マイクロメーターにも満たない微粒子でも、高確率で除去することに成功した。そのような高い除去性能を支えるのが3つのフィルターだ。まずプレフィルターで綿ゴミなど比較的大きな汚れを除去し、次の粒子用フィルターでは0・009マイクロメートル以上の粒子を99・99％まで除去する。粒子用フィルターには、病院の集中治療室など高度に清潔な状況を要求されるクリーンルームで使われてきたヘパ（HEPA）フィルターを採用した。そして最後に、大量の活性炭を使用したカーボン脱臭フィルターで、空気の流れを妨げないようにしながらできるだけ多くの臭い成分を吸着する。

アトモスフィア空気清浄機Sは、米国規格協会の評価試験（ANSI／AHAM－米国家庭電化製品製造者協会）を受けており、英国アレルギー協会認定マークも取得している。第三者機関による認定は、製品への何よりの信頼の証となる。なおAtmosphereは、2013年グローバルセールスに関するヴェリファイマーケット社調査に基づく売上高世界ナンバーワンのプレミアム（価格が600USドル超の製品）家庭用空気清浄機ブランドである。

アトモスフィア空気清浄機

第三者機関による信頼の証

英国アレルギー協会認証マーク

AHAM（米国家庭電化製品製造者協会）認定

エネルギースター（ENERGY STAR）

エアトリートメントシステムを持つ空気清浄機

室内空気

空気の汚れを除去	プレフィルター STEP1	綿ゴミなど比較的大きな汚れを除去	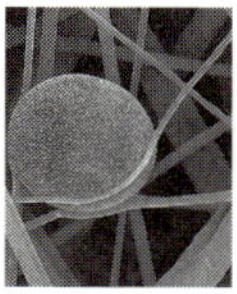 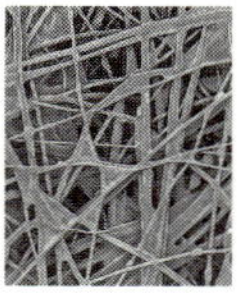
	粒子用フィルター STEP2	タバコの煙やハウスダストなどのアレルゲン、バクテリアなど83種類もの微粒子を除去	
気になる臭いを低減	カーボン脱臭フィルターS STEP3	ホルムアルデヒド、アンモニアなどの不快な臭いを効果的に除去	

※1マイクロメートルは1mmの1/1000

クリーンな空気に

37

調理器具 利便性とおいしさを追求した充実のラインアップ

ソースパン、フライパン、シチューパンなどが揃った「アムウェイ クィーン クックウェア」は、料理を快適に楽しくしてくれるさまざまな特徴を備え、多方面での利便性が追求された調理器具シリーズだ。

素材自体の水分や最低限の水分だけでほとんどの調理ができる「無水調理」が可能なため、栄養素がゆで汁に逃げるのを最小限に抑え、しかも調理時間が短いため加熱による栄養素の損失もセーブするなど、ヘルシーに料理をすることができる。また保温性がとても高く、熱と蒸気をキープしながら調理するため、素材の味やうまみ、香りを逃がさず、素材の持つおいしさをまるごと楽しめる。そして、製品のすべてが多重構造となっていることで、保温性がとても高いうえに均一に熱が伝わるという性質がある。したがって、素材をムラなく加熱することで調理時間を短縮でき、スピーディーに料理できるのだ。さらに、材料や調味料などをなべに入れたら、難しい火加減調節は必要なく調理が簡単。しかも、ステンレス製のため汚れが落ちやすく、お手入れも手軽だ。

フタと本体がピタッと合わさるため、加熱すると接合面に水蒸気の膜ができる「水封現象」や、なべは3層、フライパンは7層という多重構造のため、調理時間と光熱費が節約できて経済性が高い。そのうえ、美しい鏡面仕上げが施された高級感あふれるデザインが、キッチンを洗練された雰囲気に演出してくれる。

また、「アムウェイ クィーン ノンスティック クックウェア」は、3層のデュラミックノンスティックコーティングで料理が焦げつきにくく、くっつきにくいため、調理も後片づけもより簡単でスピーディーだ。

一方で、アムウェイは調理家電も販売している。「アムウェイ クィーン e インダクションレンジ」は、アムウェイ クィーンの実力を最大限に引き出す電磁調理器で、料理だけでなく、ご飯からケーキまで多彩な調理が可能。また、「アムウェイ フードプロセッサー」は、下ごしらえからデザートまで活躍する、1台7役（切る、刻む、練る、する、裏ごし、混ぜる、泡立てる）の実力派だ。

アムウェイのクックウェアは、このような充実のラインアップで、ワンランク上の料理を簡単に経済的に実現してくれる。

無水調理ができるクックウェア

煮る、ゆでる、蒸す、焼く、揚げる、炊く、炒める、オーブン料理と、8つの調理ができる「アムウェイ クィーン クックウェア」（写真は24ピースセット）

火加減を自動で調節する電磁調理器

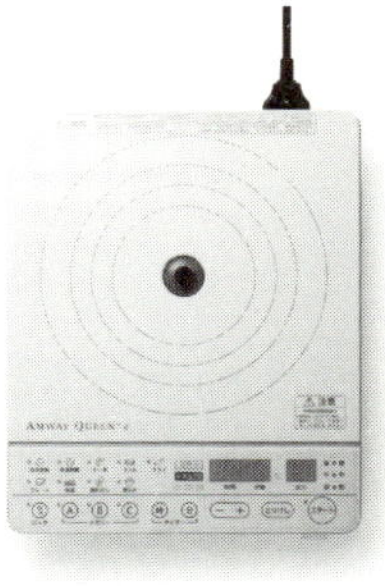

磁力の働きで鍋を効率良く発熱させる経済的な電磁調理器「アムウェイ クィーン e インダクションレンジ」

料理を手早く楽しくする ノンスティック クックウェア

アルミニウム基板を強磁性のステンレスで包み込んだオプティテンプスラブ底は、熱を均一に伝え、保温力にも優れているので、お料理がおいしくきれいに仕上がる。使いやすさと美しさを兼ね備えたデザインだ

1台7役をこなすフードプロセッサー

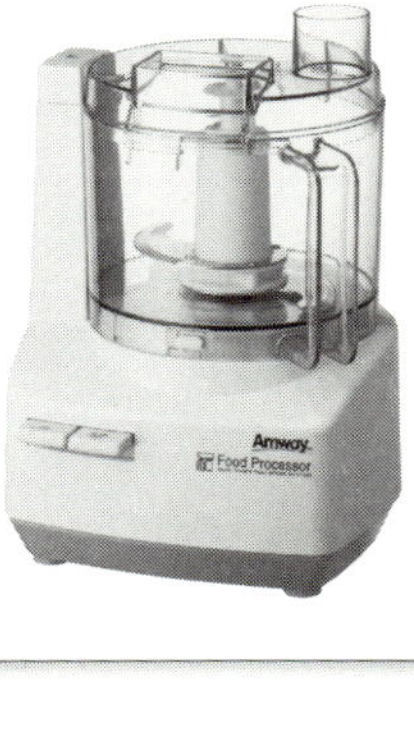

3つの基本アタッチメントで7通りの下ごしらえができる「アムウェイ フードプロセッサー」

38 食品 身体も心も満足させる上質な食材群

アムウェイはさまざまなこだわりを持った食品ブランドを展開している。

エサンテは、ラテン語でヘルシーを意味する「Ｓａｎｔｅ（サンテ）」と、本質を意味する「Ｅｓｓｅｎｃｅ（エッセンス）」から名づけられたブランドで、身体も心も満足させる上質な洋食材を取り揃えている。ナチュラル、ヘルシー、テイスティーを基本とし、身体に毎日必要な油（脂質）が1本で取れる脂肪酸バランスと油の酸化を考えた（厚生労働省「日本人の食事摂取基準」（２００５年度版）では４～５・１を目安）、同社独自の食用油である「４to１脂肪酸バランスオイル」を筆頭に、有機ＪＡＳ認定の「オーガニックエキストラバージンオリーブオイル」、一番搾りごま油と生搾りごま油を９：１の割合でブレンドし、豊かなキレとコクを楽しめる「セサミオイルＥ」など高品質な食用油のほか、４to１脂肪酸バランスオイルをベースとしたドレッシングやマヨネーズ、有機ＪＡＳ認証の有機砂糖だけを使ったオーガニックシュガーなどがある。

「12ヶ月の食卓」は、醤油や味噌、お茶など日本の食生活に欠かせない伝統食材を揃えたブランドだ。和食料理に欠かせない食材を、安心な農法で育てた国産素材を中心に、伝統の製法にこだわり、伝承の技と伝統の味で仕上げた。中でも「樽搾り醤油」は、極めて希少な国産の有機栽培の丸大豆を１００％使用し、天日塩を使って自然湧水で仕込んでおり、熟成した風味が味わえる。また「カテキングリーン健康緑茶」は、屋久島産を含む国産有機茶葉が１００％と、こちらも希少材料を惜しみなく使用し、ホットでもアイスでもお茶の旨みを楽しめる。ラインアップはこのほかに、１００％国産有機ＪＡＳ認定の玄米、丸大豆、天日塩と湧水を使用した「玄米味噌」、「樽搾り醤油」と米酢に国産のゆずなどを使用したポン酢などがある。

「フルトンストリート」は、アムウェイオリジナルブレンドのコーヒー豆だ。豆の厳選と焙煎、そして鮮度にもこだわり、芳醇な香りと深い味わいを追及している。極深煎りが醸し出す苦みとコクの濃厚な味わいの「ダークローストブレンドコーヒー」、マイルドですっきりとした後味の「カジュアルテイストブレンドコーヒー」、苦みと酸味が響き合う本格派のための芳醇ブレンド「プロフェッショナルブレンドコーヒー」の３種類を用意する。

こだわりを追求したさまざまな食品

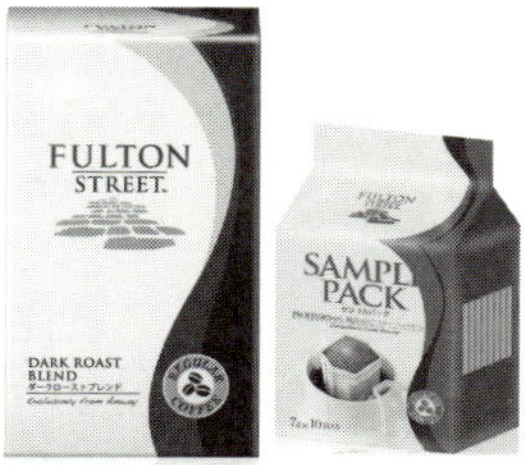

厳選された素材から生産

極めて希少な国産有機大豆を使用

日本の年間大豆使用量（輸入・国産）のうち

約0.043%　希少

※ 農林水産省 食料自給表・有機大豆格付け実績より算出（平成24年度）

国産有機茶葉100%（茶葉＋抹茶）で作りました

1gで茶カテキン150mg含有※1

緑茶の国内総生産量のうち

約2.5%※2　希少

※1「新茶業全書」（財団法人静岡茶業会議所編）所有の中級煎茶人分の化学成分量と比較

※2 農林水産省 国内の総生産量と格付け実績（平成24年度）

オレイン酸比較（%）

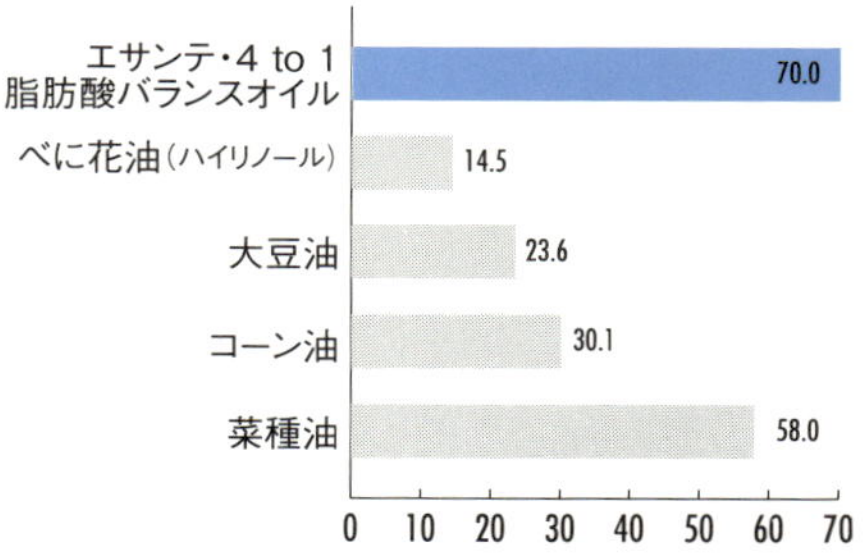

※同社調べ

エサンテ・4 to 1脂肪酸バランスオイルはオレイン酸が豊富な「べに花油」とハイグレードな「キャノーラ（菜種）油」を使用した高級植物油

39

洗剤(ホームケア)

洗浄能力と環境への配慮を高いレベルで両立

アムウェイが最初に製品を世の中へ送り出したのは、今から約50年前の1959年。その製品は多目的に使える液体洗剤「L.O.C.」だった。L.O.C.はリン酸や溶剤など環境を汚染する成分を含まず、洗剤による環境汚染を防止するという時代を先取りした画期的な製品だった。

その後アムウェイは、いちはやく微生物の力で物質を水と二酸化炭素に分解する、「生分解性」のある処方を使用した洗剤を開発。常に環境問題を視野に据えた取り組みを行ってきた。現在では「アムウェイ ホーム」というブランドの下でランドリーケア、キッチンケア、ハウスケアのカテゴリーごとに製品展開し、世界100カ国以上でトップクラスの売り上げを誇っている。これらの洗剤が受け入れられている理由の1つには、アムウェイの環境保護への特別な貢献が挙げられるだろう。

この目的別3分野の洗剤に、共通につけられているのが「バイオクエスト」処方マークだ。「自然と科学の最適な調和」を意味するアムウェイの哲学が詰まったロゴマークで、「バイオクエスト」とは、ギリシャ語の「Bios（生命）」とラテン語の「Quaesita（求める）」を用いた造語。地球上の「生命」を守り、環境との調和を「求める」ことはもちろん、さらに強力な洗浄能力を発揮する意味が込められている。このマークには、アムウェイ製品の特徴と地球環境への取り組み姿勢が最もよく表れていると言える。

バイオクエスト処方を採用したアムウェイのホーム製品は、アメリカやヨーロッパなどの環境意識が高い第三者機関により、性能・安全性・環境保護において優れた評価を受けている。中でも特筆すべきは、基準が厳しい米国環境保護庁（EPA）の環境適合設計認証（DfEマーク）を取得していることだ。このマークは、人体と環境により安全で、製品品質や性能が維持向上していると認定を受けた場合にのみ付与される。DfEマークの取得は、アムウェイのホームケア製品が、人と地球にとってより安全な製品である証と言える（EPA／DFE認証は対象商品の推奨を目的としていない）。

しかし、こうした厳しい認証をクリアしても、アムウェイの環境への取り組みは歩みを止めることはない。さらに一歩進んで、アムウェイの製品作りに対しての思想や使命感が伝わるよう、日々新しい価値の創造を模索している。

3つの洗剤ブランド

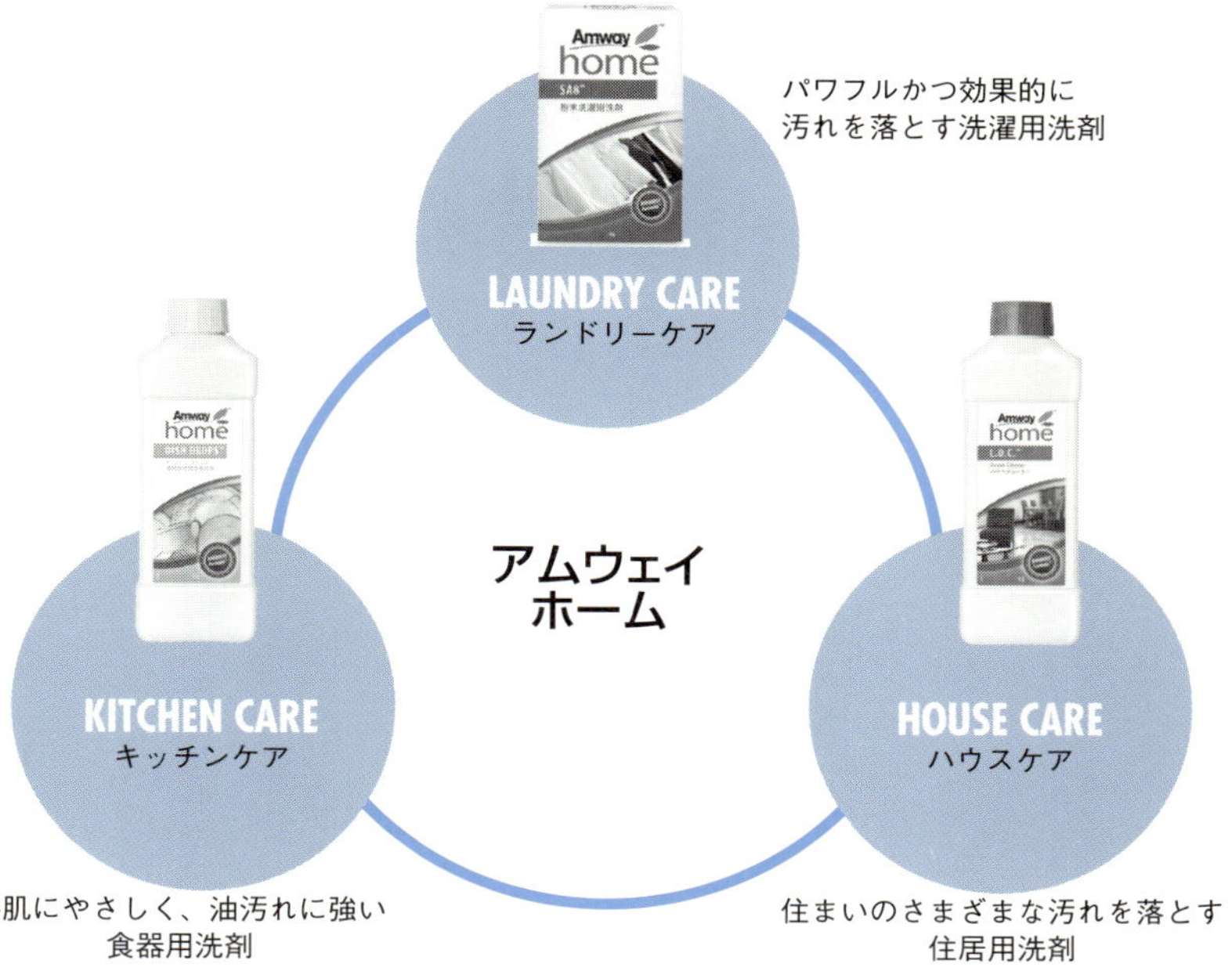

バイオクエスト処方の力

BIOQUEST Formula™

バイオクエスト処方マークには、アムウェイ製品の特徴と地球環境への取り組み姿勢が最もよく表れている。環境への配慮と高い洗浄力をともに可能とした信頼の証明だ

バイオクエスト処方マークの約束

- 高い洗浄性能
- 生分解性
- アレルギーテスト済み
- 濃縮洗剤

創業当時からともに歩んできた洗剤

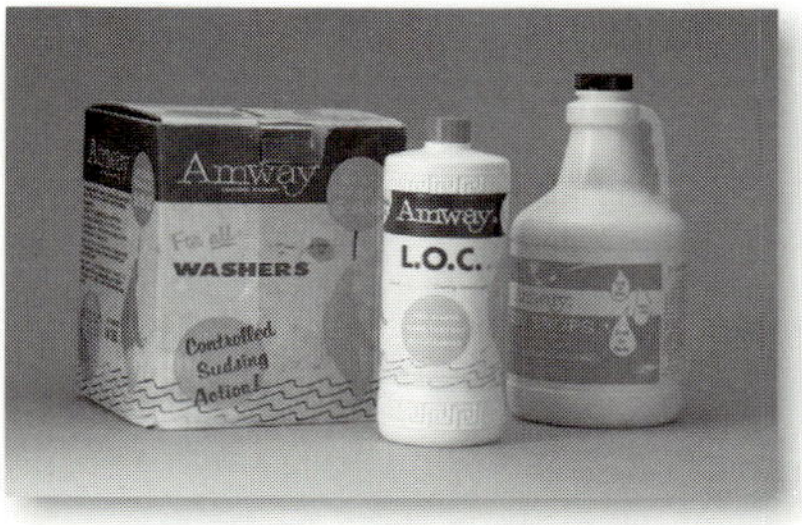

左：SA8が製品化された1961年当時のパッケージ
中：アムウェイ創業の年、1959年に発売されたL.O.C.ボトル
右：1963年発売開始当時のディッシュ・ドロップボトル

40 XSエナジー
従来製品と一線を画す革新的機能性飲料・食品

「XSエナジードリンク」は、世界で初めて発売された砂糖ゼロ、炭水化物ゼロ、カロリーゼロの機能性飲料だ。2002年に北米市場に初登場して以来、旧来のエナジードリンクとは一線を画す爽快なおいしさと、アクティブでスポーツライクなライフスタイル・イメージが高く評価され、世代を超えて多くの消費者の心をとらえた。11年には日本に上陸。以後、発売された国々でグローバルに愛飲されている。

XSとは「excess（超えている）」という意味で、エナジーという言葉にかけたブランドネームだ。「エネルギーを補給する」から「エネルギーを発揮する」という新しいコンセプトのもと、カラダとココロをリフレッシュしてアクティブな若者層をキャッチし、アムウェイの世界をさらに拡大していくことを目指した戦略的なブランドと言っていい。

XSエナジードリンクは、エネルギーをどう使うか（ブラストするか）を考えた結果、ビタミンB群と独自のハーブミックスやカフェインを配合して、革新的なエナジードリンクに仕上げた。フレーバーの豊富さも特徴で、フルーティな「クランベリーグレープブラスト」と果汁入りの「グレープフルーツブラスト」、フルーツパンチ味の「トロピカルブラスト」と甘く爽やかな味で無炭酸の「ラズベリーティーブラスト」。そしてキレ味抜群の「コーラブラスト」に、さらに爽快でレモンライム風味の「サミットブラスト」、レモン風味の「エレクトリックピンクレモネード ブラスト」、甘酸っぱさが特徴の「ザクロチェリーブラスト」というように多彩な味をラインアップする。

XSブランドはほかに、噛んだ瞬間からエナジーがスパークするような新体感ガム「XSエナジーガム」と、栄養価の高い4種類のナッツとカフェインを含むエスプレッソ豆、独自の処方でビタミンB群を加えたクランベリー、レーズンをバランスよく配合した「XSエナジートレイルミックス」を製品化している。また、アムウェイはXSブランドの世界観を体現し、活性化させる「J-Style」というイベントを各地で開催し、成功を収めている。これは、これまでのアムウェイとしてのビジネスモデルの殻を破り、新しいイメージへと飛翔するための、象徴的な取り組みとなっている。

XS エナジードリンク

2011年の発売から
2014年10月まで
11フレーバー発売
累計4,800万本
120億円以上を記録

エネルギーを積極的に発揮させるコンセプトで、ビタミンB群を豊富に配合。独自のハーブミックスやカフェインを加え、未体験の飲み応えとした

XS エナジーガム グレーキュービックブラスト

カフェイン・ナイアシン・ビタミンB6を配合した日本初のエナジー系機能性ガム

XS エナジー トレイルミックス

栄養価の高い4種類のナッツとエスプレッソ豆、クランベリー、レーズンをバランス良く配合

COLUMN

多様なニーズを容認できるからこそ良いチームが生まれる

ダイヤモンドDD　**中原壮謙**さん

小、中、高、大学とバスケットボールを続け、プロのプレイヤーにもなりました。27歳の時に入院先の担当看護師さんから勧められ、アムウェイのビジネスを始めました。アムウェイのビジネスはスポーツと似ているところがあると思います。メンバーになったからといって、買わなければいけないということもない。製品だけを買う人もいれば、ビジネスをやっている人もいる。全員がアムウェイと好きなように関わり混在している、そのグシャグシャ感がいい。アムウェイと長く関係が続いている集団があるのは、関わり方に幅の広さがあり、それを容認しているからです。

みんながそれぞれアムウェイと関わることで、毎日気分良く生きていければいいですね。私は、収入が欲しいという人がいれば、それに対しサポートします。通販をしていきたいという人は、それはそれで自由です。会社に属するとサラリーに不満を持つ人は多いけれど、アムウェイの場合は自分の収入に不満を持っている人はいないはずです。全部努力に見合う収入であり、明確だからです。

個を尊重し長く関係を続ける中で、刺激される人は動き出します。みんな目的は違いますが、それがひとつになっていることが面白いですね。自然体でチームが形成され、その自然体の集団をバックアップすることに、アムウェイのビジネスの楽しさを感じます。

世の中の企業では、雇用し雇用され契約を交わし、その集団に属しています。私たちは雇用関係ではないので、所属しなければならないという義務はない。いつでも辞めると言えば辞められる立場です。

アムウェイには拘束や義務のない中で10年、20年、30年と関係が続いている集団がいます。これはチームとして組織として、とても崇高なことだと思います。

第3章

ビジネスの仕組み

努力が報われるビジネスを展開

41

ビジネスの特長

「自由」「平等」「安全」を掲げたビジネス

アムウェイのビジネスは大きく3つの特長があると言える。ひとつは「自由」、もうひとつは「平等」、そして「安全」ということだ。

まず「自由」だが、活動時間や活動地域の制限がない。日本中いつでもどこでもビジネスが始められる。さらに言えば「インターナショナル・ビジネス」と称されるように、アムウェイが営業している国であれば海外にビジネスを展開することも可能である。

学生は不可だが20歳以上、老若男女分け隔てなく、ビジネスが始められる。どこまでの結果を目指すかも自由。すべては本人のやる気と努力次第である。

誰をスポンサリングするのかも自分で決めることができるから、自分がアムウェイのことを教えたいと思う相手に声をかければいい。おいしいレストランを見つけたり、良い製品に出会ったりした時、人に伝えたいという気持ちになることがある。そんな気持ちをビジネスに展開しているアムウェイ・ビジネスだからこそ、確かな信頼関係が築けると言えるのだ。

「平等」。アムウェイの収入は、すべて個々の努力と実績に応じて平等に分配される。さらに収入の仕組みははじめから公表されているから、不公平につながることがなく納得できるシステムである。

若者が始めても社会経験や年齢を理由に評価が変わることはない。すべて本人の努力と実績で評価される。

逆に少子高齢化という人口動態の変化を背景に、今後は高齢者の就労意欲は高まらざるを得ないが、そんないわばリタイヤした人でも全然遅くない。セールス&マーケティング・プランの項で説明するように、後から始めて何十年とやっているディストリビューターを追い越すことさえ可能なのだ。

しかも「安全」。過大なリスクはない。まず、スタート時の資金は3600円の初年度年会費のみ。有効期限内に解約手続きをとれば、この初年度年会費すら返金される。最低購入数量や月間の仕入れ金額、在庫などのノルマは一切ない。さらには100%現金返済保証（42項参照）という制度もある。

アムウェイ・ビジネスの特長

◎時間の自由
◎フリーテリトリー
◎解約の自由

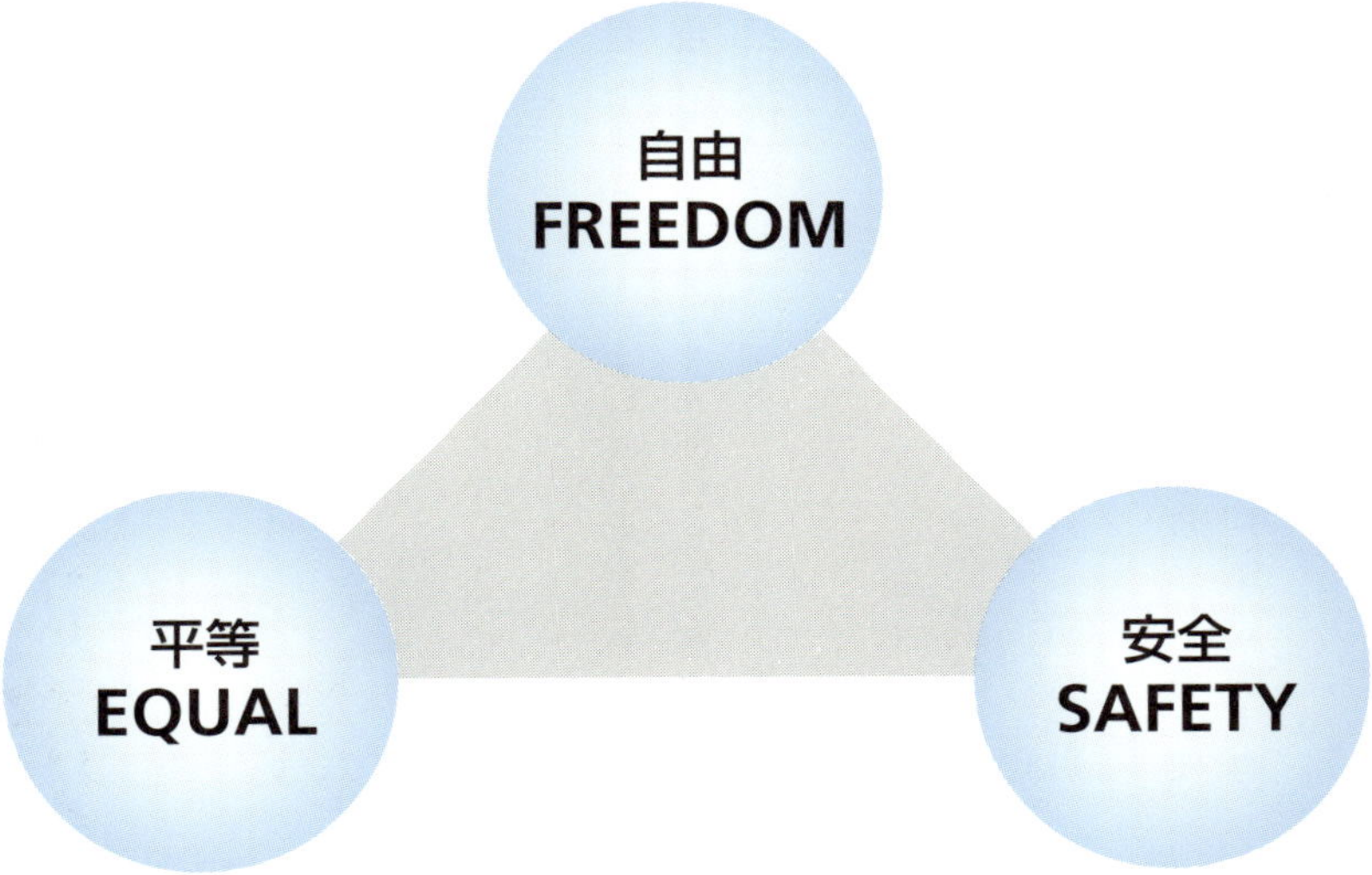

◎仕入れ価格の平等
◎平等なチャンス

◎スタート資金は初年度年会費3,600円だけ
（翌年の更新時に年会費3,600円が必要）
◎ノルマなし

「自由」「平等」「安全」はビジネスを始めるうえで「安心」につながる

42 返品制度 100%現金返済保証制度

アムウェイの品質への高いプライドは「100%現金返済保証制度」というシステムに現れている。このシステムは、万一、製品の品質に不満があった場合、使用・未使用にかかわらず、日本アムウェイに返品することができるという制度だ。

100%の保証であるから、代金は全額返金される。耐久消費材など一部の製品を除き、1年間はこの制度が適用される。また30日以内であれば、例外なくすべての製品がこの対象となる。

つまり、あなたが日本アムウェイから製品を購入し、使ってみたが気に入らないとなったら、1年以内(一部は30日)に伝票と一緒に日本アムウェイに着払いで送り返せばよい。代金は全額、あなたの口座に振り込まれる。

法律でも「クーリング・オフ」という制度が設けられている。これは、訪問販売や連鎖販売取引の申し込みや契約後、一定期間(訪問販売では8日、連鎖販売取引では20日間)に無条件で申し込みの撤回や契約の解除をできることになっているものだ。

しかし、この100%現金返済保証制度では、はるかに長い期間が設定されており、独自の消費者保護制度となっている。

これをアムウェイでは、「製品に対する絶対の自信の現れ」という。品質に自信があるからこそ、このような制度もとれるというわけだ。

こんなところにも、アムウェイは末永く製品を使用してもらえるように、モノづくりに取り組んでいることが現れている。

同時にこれは、ビジネスに取り組むディストリビューターを守る仕組みでもある。ディストリビューターは20歳以上で、学生でなければ誰でもがなれる。当然、ほとんどの人は営業や販売の経験者ではない。口八丁で販売できるわけではないし、万一、顧客である友人や知人が製品に対して満足しなかったらと不安に思うこともあるだろう。その時には、このシステムがあることが安心材料となるし、顧客への付加価値ともなる。ディストリビューターは、自信を持って製品を販売できるということだ。

100%現金返済保証制度

◎起算日より30日間は、使用・未使用にかかわらず全製品を返品できる
◎30日経過後も、返品可能期限内は一部の使用済製品を除いて返品できる

起算日*　　30日	返品可能期限（納品書兼返金・返品依頼書に表示されている受注日から1年以内）
全製品100%返金	不満による返品：100%返金
	対象外　使用済の ハウスウェア・ホームテック（耐久消費財）など

＊起算日：「販売伝票」もしくは「小売伝票」の「ご契約内容確認書」、「お申込み内容確認書」、「納品書兼返金・返品依頼書」または製品の受領日のうち最も遅い日

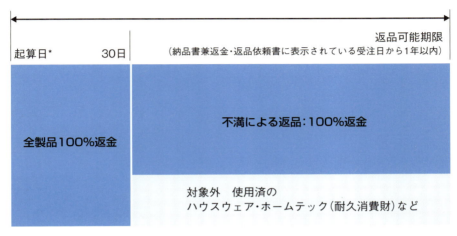

43

流通の仕組み①

中間業者が存在しない流通システム

アムウェイ製品の流通システムは、通常のメーカー製品が卸、小売りを経て消費者の手に届く形態と違い、ディストリビューターを経て消費者に届けられる仕組み。卸、スーパーなどではアムウェイの製品は購入できない。

アムウェイの製品は毎日の家事に使う洗剤や健康のために摂取するサプリメント、スキンケアに使う基礎化粧品やメイクアップ製品、シャンプーなどで、いわゆる消耗品が多い。同社によると「製品には自信があり、いったん購入してもらえばリピーターになる人も多い」という。

アムウェイ製品を購入する方法は3つある。ひとつは自らがディストリビューターとして登録し、仕入れ価格であるディストリビューター・コストでアムウェイから直接購入する方法。2つ目がショッピングメンバーとして登録し、ディストリビューター・コストの10%増しでアムウェイから直接購入する方法。3つ目が知り合いのディストリビューターから購入する方法だ。

ショッピングメンバーになるためにはアムウェイショッピングクラブに入会する必要がある。20歳以上で学生以外なら、年会費無料で入会できる。なお、入会にはディストリビューターの紹介が必要だ。メンバーになると、標準小売価格の20～25%引きで購入できる。ただし小売目的の購入やスポンサー活動はできないし、ボーナスと呼ばれるインセンティブも受給できない。

一方、「ディストリビューター」は、20歳以上であれば国籍や性別は問わずになることができるが学生は不可、初年度年会費として3600円が必要だ。また、年1回資格の更新が必要で、3600円の更新料がかかる。

アムウェイの製品の流通は、こうしたディストリビューターが中核的役割を担っており、通常流通で発生する代理店、卸などの中間マージン、小売店の販売管理コストなどがない。アムウェイのビジネスではこうしたマージンやコストをディストリビューターに対し、その実績に応じてボーナスとして還元しているのが最大の特徴だ。

それとともに製品の研究開発に多額の投資を行い、安全面でも徹底した品質を追求していること。それが、アムウェイを世界各地に根づかせている要因となっている。製品への自信は製品の返品システム「100%現金返済保証制度」に現れている。

製品の価格の仕組み

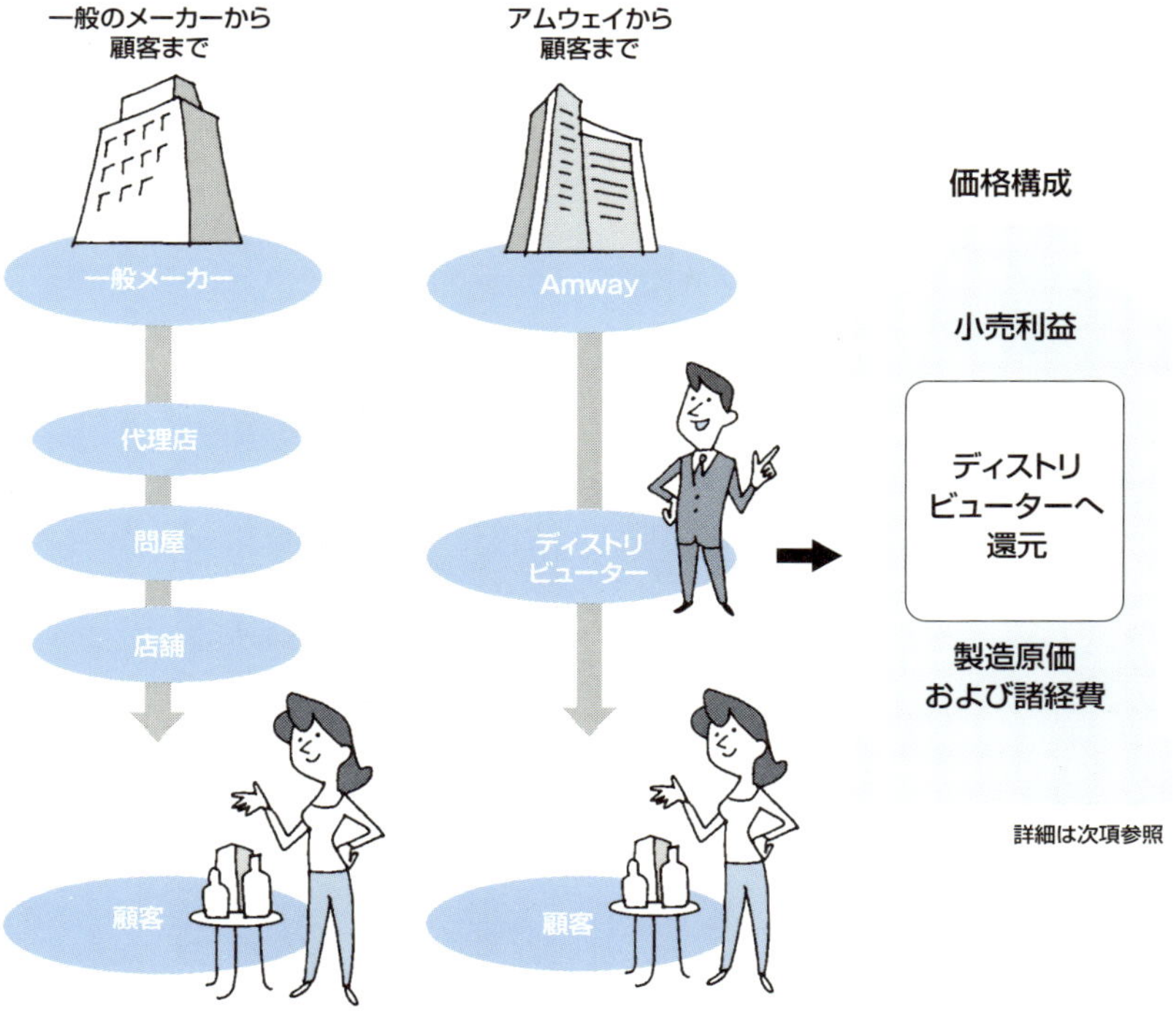

アムウェイ製品を購入するには

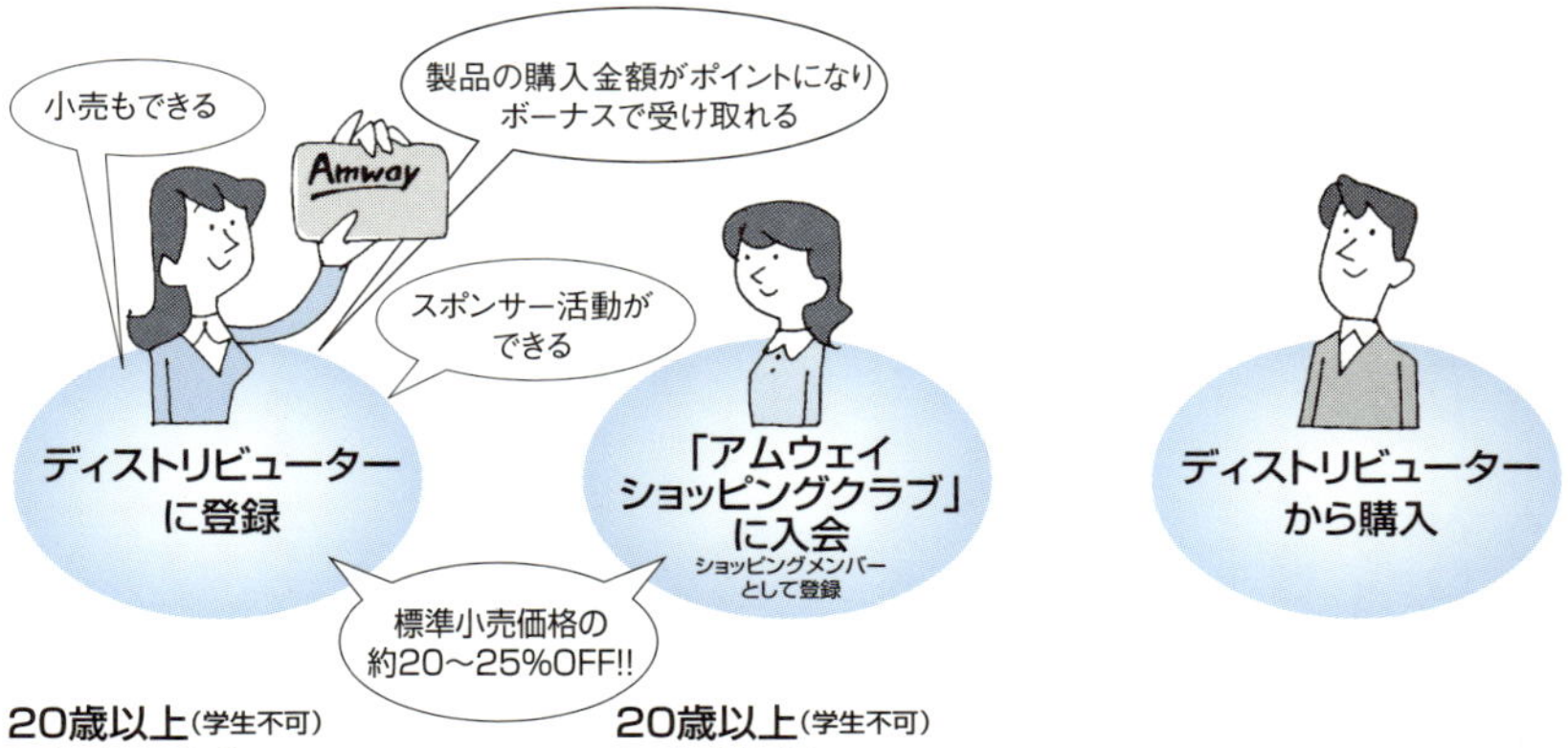

20歳以上(学生不可)
初年度年会費(3,600円)
資格有効期限内であれば、解約はいつでも可能
年ごとの資格更新料は、3,600円
スポンサー(紹介者が必要)

20歳以上(学生不可)
年会費無料
入会日を含めて7日以内に注文がないと会員資格を失効
スポンサー(紹介者が必要)

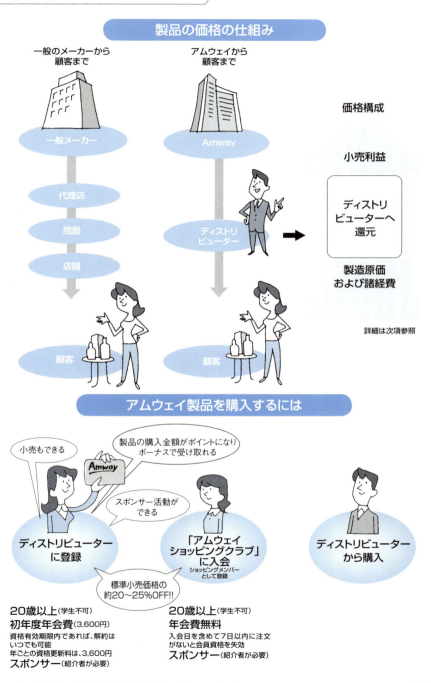

44

流通の仕組み②

確立されたボーナス分配方式

アムウェイのビジネスを始めるにはまず3600円の初年度年会費を払い、ディストリビューターとして登録しなければならない。また、新規にディストリビューターをスポンサーするには、「スポンサー活動資格」が必要となる。

では、晴れてディストリビューターになり販売活動、スポンサー活動を行うようになると新しいビジネスの世界が開けるが、いったい、どのような収入体系になるのか。

まず売った製品の販売価格と仕入れ価格の差（平均して20～30％）がディストリビューターの小売利益となる。例えば「ディッシュ・ドロップ（1リットル）」という濃縮台所用液体洗剤を標準小売価格で小売りした場合、1920円から1420円を差し引いた差額、500円がディストリビューターの小売利益となる。もちろん標準小売価格は参考価格なので、小売価格はディストリビューターが自由に決められる。

そして、いわゆる販売活動を行い、実績に応じて支払われるのが「基本ボーナス」だ。このボーナスの基金は製品価格の28・75％を占める。ボーナスにはいくつかの種類があり体系化されている。まず「成績別ボーナス」。あなた個人とあなたから始まり増えた、あなたのグループの実績に対し支払われるボーナスで、最高21％と決まっている。

ボーナスの支給比率は売り上げの多寡で比率が3％から3％刻みで21％まであるが、例えば2012年9月1日から13年8月末日までの一年間で、成績別ボーナスの達成組数は3％が11万3117組、12％が1万4529組、21％（有資格SP達成）が7464組となっている。

「リーダーシップ・ボーナス」はグループを育成した努力とその実績に対し、支払われるボーナスで4％。また「その他のボーナス」はグループをさらに大きく成長させ、製品の流通ネットワークを拡大した努力に対し、あなたに支払われるボーナスで3・75％。合計28・75％がディストリビューターに小売利益とともに支払われる。

基本ボーナスのほかに、成長を果たし所定の条件を達成したディストリビューターに対しては、追加ボーナスや海外インセンティブ・セミナーなどの特典が用意されている。実績を上げた人をキチンと評価し、次の励みにしてもらおうというのも、アムウェイの頑張った人が報われる「平等」の精神から来るものである。

製品の価格構成

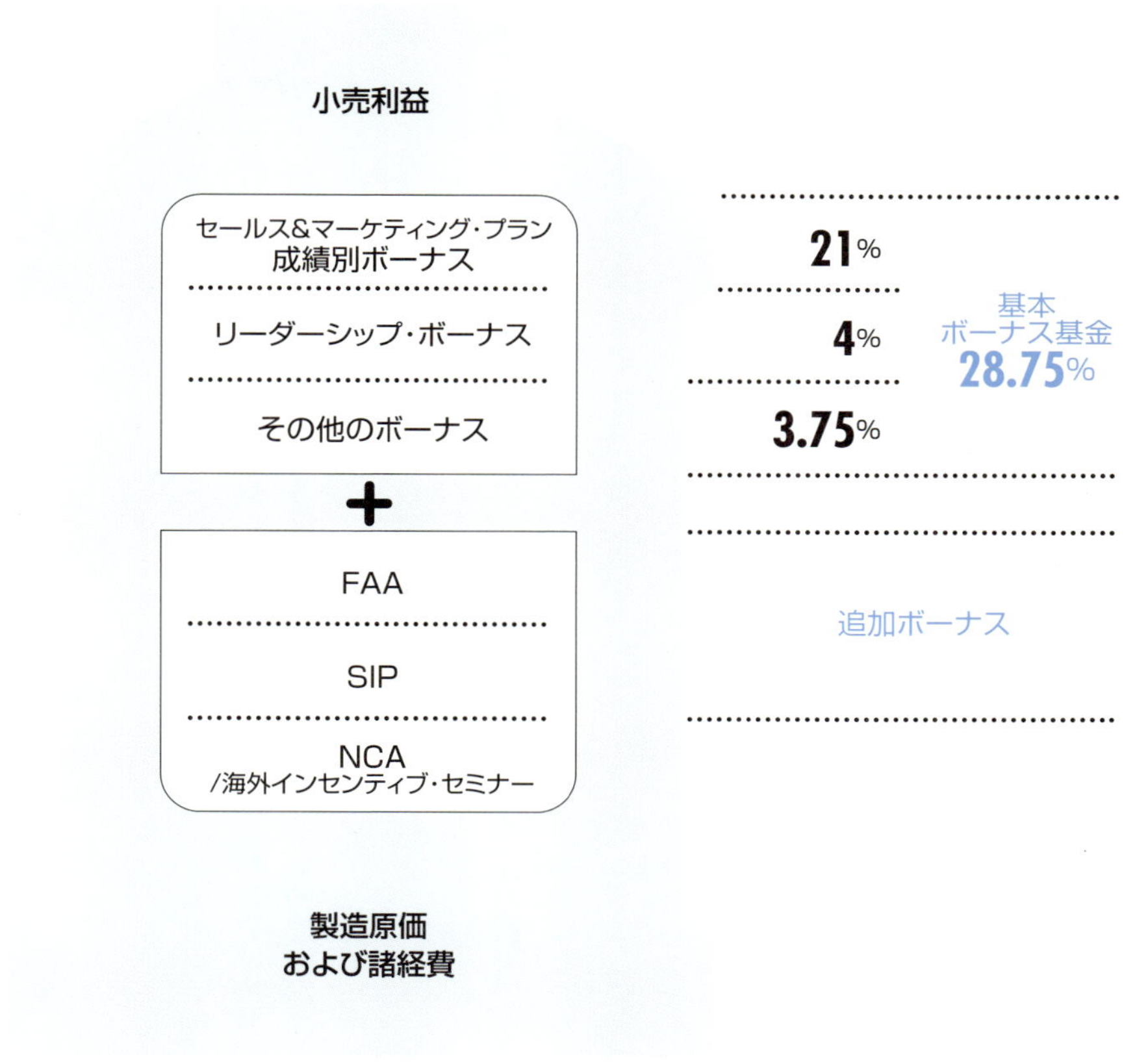

【FAA（ファウンダーズ・アチーブメント・アワード）などのボーナス】
グループをさらに大きく成長させ、製品の流通ネットワークを拡大した努力に対し、あなたへ支払われるボーナス

【SIP（セールス・インセンティブ・プログラム）ボーナス】
各国のアムウェイが独自に実施している追加ボーナス
（その内容は、一定のルールの中でその国の状況に合わせて変更される）

【NCA/海外インセンティブ・セミナー】
所定の条件を達成した場合に招待される、主に海外で開催されるビジネス・セミナー
（その内容は日本アムウェイにより適宜変更される）

45

50年以上前から揺るがない分配方式

セールス&マーケティング・プラン①

この項以降は、あなたがアムウェイのディストリビューターになったと仮定して、あなたの頑張り度によって受給できるボーナスの仕組みである「セールス&マーケティング・プラン」を見ていきたい。

アムウェイのディストリビューターの上位者である山﨑拓巳さんによると「アムウェイの労働に対するパフォーマンスはすでに50年以上前に完成されている」というほど精緻《せいち》で、ディストリビューターの頑張り度合、企業への貢献度、影響度を勘案した分配方式としては完璧に近いものだという声もある。

確かに、この方式をベースにアムウェイが50年以上にわたって成長し続けてきたわけであり、仕組み自体を大きく変えることなく、不満が出ることなく連綿と続いていることからもわかるように、分配の方法としてはほぼ完成された仕組みであると言える。

そこで、このアムウェイの分配方式を、具体的ないくつかのケースを示しながら見ていこう。

まず、製品を販売した際に入る小売利益とは別に、成績別ボーナスという制度がある。あなたのグループのBVの月間合計にPVの月間合計で決定した%をかけて、あなたのその月の成績別ボーナスを算出する（PVとBVの比率は1対1・39で、ボーナスを算出する際に使う調整係数）。

成績別ボーナスは0%から3%刻みで最高21%まである。それは左ページの「成績別ボーナス・スケジュール」の表を参照していただくとして、ここではディストリビューターになったあなたが、製品を購入した時に受給できるボーナス（成績別ボーナス）について見てみよう。

図の例では、あなたは3万PV分のアムウェイ製品を購入したと仮定する。成績別ボーナスのスケジュール表を見ていただきたい。3万PVの実績に対する成績別ボーナスは3%となっている。あなたのボーナスはBVをベースに算出されるので、3万PV×3%は900円となり、900円×調整係数1・39で1251円となる。

つまり、3万PVの製品を購入した場合に受給できるボーナスは1251円ということになる。ボーナスはアムウェイから直接あなたに支払われるようになっている。

あなた自身が製品を購入した場合

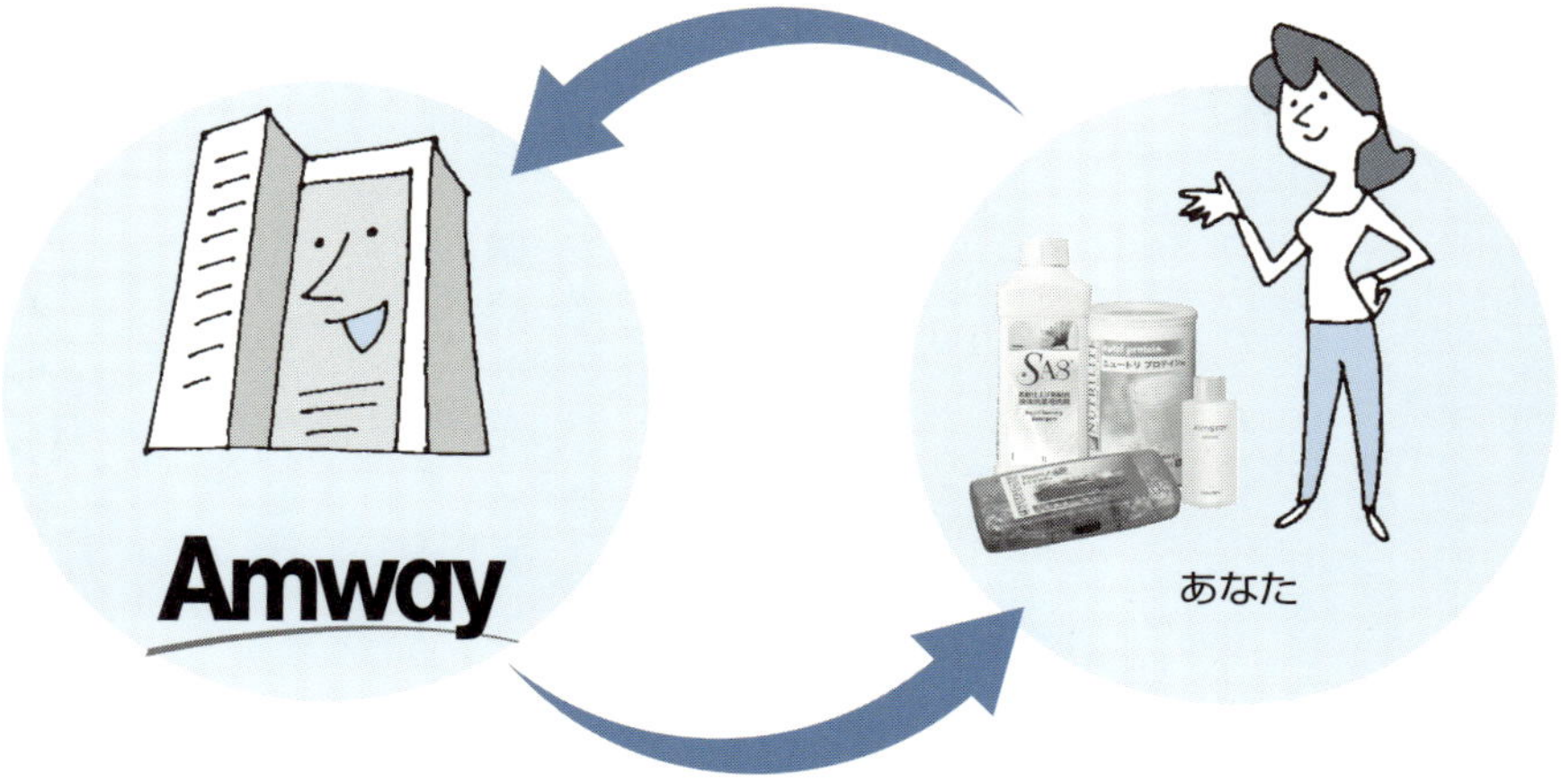

ボーナス3%

PV:ポイントバリュー
各製品ごとに定められているポイント
月間PV合計で成績別ボーナスの率が決まる

BV:ビジネスボリューム
ボーナス対象となる製品につくボーナス計算の基準値
月間BV合計に成績別ボーナスの率をかけて成績別ボーナスを計算

3万PV=3%

3万PV×3%=900円
(PV:BV=1:1.39)

あなたの成績別ボーナス
900円×1.39=**1,251**円

成績別ボーナス・スケジュール

PV	率
150万PV〜	21%
100万PV〜	18%
60万PV〜	15%
36万PV〜	12%
18万PV〜	9%
9万PV〜	6%
3万PV〜	3%
0PV〜	0%

46 セールス&マーケティング・プラン②
グループ形成とボーナスの変化

この項では、あなたがスポンサーしたグループの人から、成績別ボーナスの受給者が生まれた場合のボーナスの分配方法を見てみよう。

あなたとグループのAさん、Bさんはそれぞれ3万PV分のアムウェイ製品を購入したとすると、あなたのグループの合計のPVは9万PVとなる。まず今月のあなたのグループの成績別ボーナスを計算する。9万PVに対する成績別のボーナスは6%。つまりあなたのグループの全体の成績別ボーナスは9万PV×6%で5400円となる。次にAさん、Bさんの成績別ボーナスを計算する。3万PVに対する成績別ボーナスは3%だからAさん、Bさんの成績別ボーナスは3万PV×3%で900円となる。

この結果、あなたのグループ全体の成績別ボーナスを差し引いた額に1・39の調整係数を掛けた額があなたが受け取るボーナス。5400円からAさんの900円、Bさんの900円を差し引くと3600円。この3600円に1・39を掛けると5004円。これがあなたの収入になる。

アムウェイの製品は日々使用する製品ばかりだが、スキンケア化粧品やメイクアップ化粧品、サプリメント、また日用品や調味料といった製品をアムウェイの製品に代えるとボーナスをどれだけ獲得できるか。製品のボーナス算出の根拠となるPV、BVを見てみる。

化粧品「ユースエクセンドソフトニングローション」（3330PV、4630BV）、「同ミルキーエマルジョン」（3560PV、4940BV）、「ニュートリライト トリプルX3セル」（7400PV、10280BV）、「ニュートリファイバーパウダー」（2670PV、3700BV）、「サテニークスムースモイスチャーシャンプー750ミリリットル」（2070PV、2880BV）、「同コンディショナー750ミリリットル」、「同ボディシリーズボディシャンプー250ミリリットル」（560PV、770BV）、「同薬用ハンドソープ」（同）、「XSエナジードリンクエレクトリックピンクレモネードブラスト24本入り」（4890PV、6790BV）、「スプリーデントフッ素配合ハミガキ」（320PV、440BV）、「同ハブラシ」（789PV、1080BV）のほか、洗濯洗剤、台所用洗剤、脂肪酸バランスオイルにすると合計30600PV、42480BVとなり、3%ボーナスで1274円が獲得できる。

あなたにグループができた場合

あなたのグループ

(PV：BV=1：1.39)

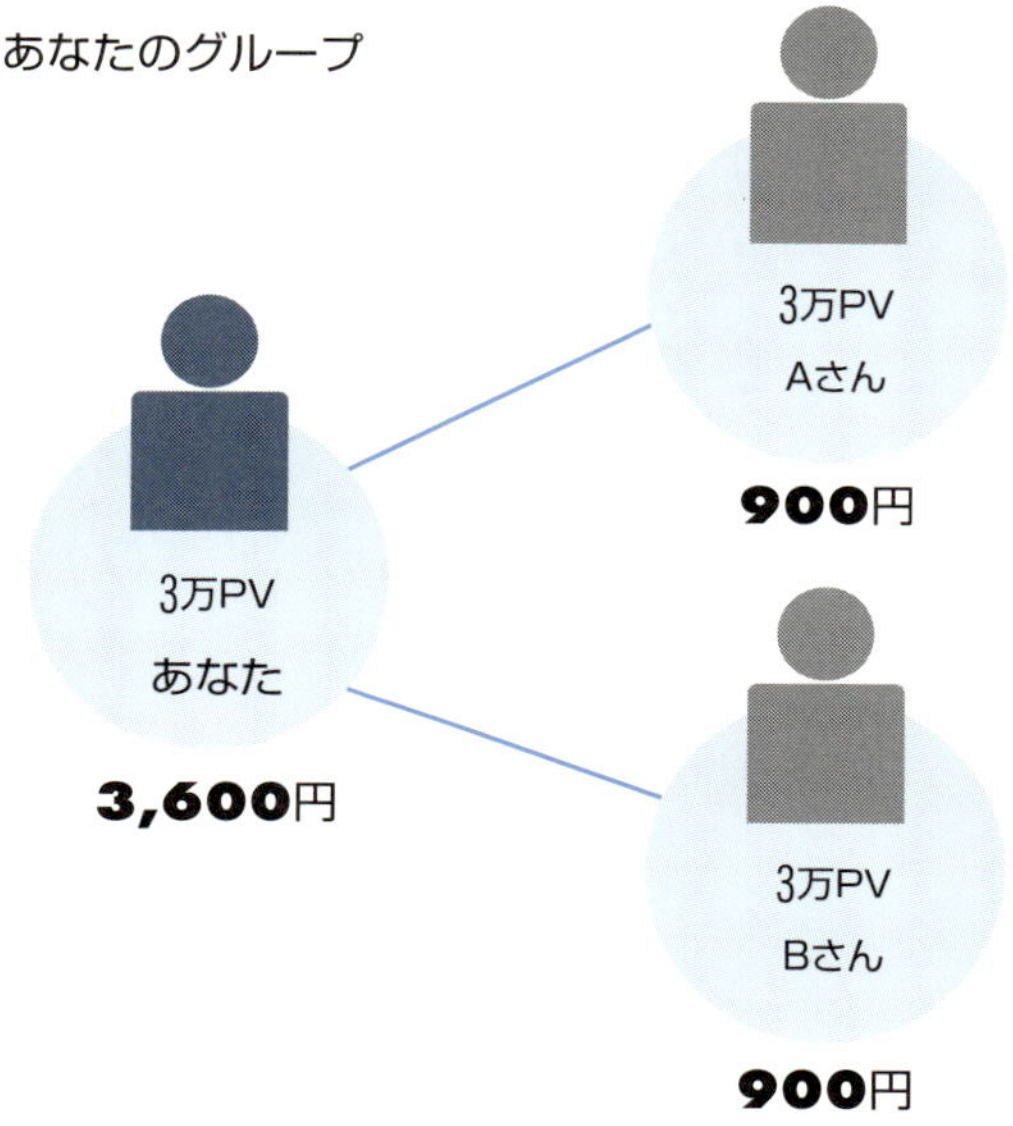

あなたのグループの成績別ボーナス合計金額：
9万PV=6%
9万PV×6%=　**5,400**円

各グループに支払う成績別ボーナス合計金額：
Aさん：3万PV×3%=　**900**円
Bさん：3万PV×3%=　**900**円

あなたの成績別ボーナス
5400円−1800円=　**3,600**円
3600円×1.39=　**5,004**円

成績別ボーナス・スケジュール

PV	率
150万PV〜	21%
100万PV〜	18%
60万PV〜	15%
36万PV〜	12%
18万PV〜	9%
9万PV〜	6%
3万PV〜	3%
0PV〜	0%

合計30,600PV/42,480BV→3%ボーナス**1,274**円が獲得できます

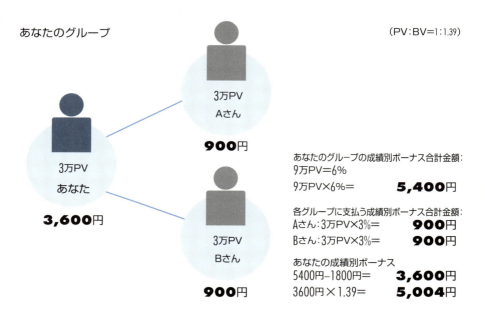

47 頑張る人が報われる仕組み

セールス&マーケティング・プラン③

アムウェイのビジネスは、機会均等を謳う米国発祥のビジネスらしく、その本質は「平等」の精神からなっており、後から始めた人でも先発の頑張っていない人を追い越すことも可能な仕組みとなっている。まず、その「頑張る人が報われる」仕組みについて説明しよう。このケースはあなたのスポンサーだったYさんとあなた自身が行ったビジネスの内容を比較し、ボーナスを受給する際に必ずしもスポンサーが有利にならないという説明だ。アムウェイはビジネスをいつ始めても機会は平等に与えられている。

あなたのグループにディストリビューターのAさん、Bさんがいる。AさんBさんともに3万PVのビジネスを行ったと仮定する。また、あなたも同じように3PVのビジネスを行ったとして、あなたのグループの実績は合計9万PVの規模になる。そして、あなたをスポンサリングしたYさんはあなたのグループではないが、Yさんも3万PVのビジネスを行っている。Yさんをスポンサリングした Xさんは0PVだった。結果、あなたのグループを含めたYさんのグループで見ると、合計12万PVの実績となる。合計12万PVに対するボーナスは6%だから、あなたグループを含めたYさんのグループの成績別ボーナス総額は12PV×6%で7200円となる。

Xさんは「0」PVなのでボーナスはゼロ。あなたをスポンサリングしたYさんは3万PVだからYさんの収入はYさんのグループ成績別ボーナスからあなたグループの成績別ボーナスを差し引いた額に1・39（調整係数）を掛けた額になる。つまり7200円引く5400円は1800円、1800円に1・39を掛けて2502円となる。

これに対し、あなたのグループのPV合計は9万PVで、成績別ボーナスは9万PV×6%で5400円。これからAさん、Bさんの成績別ボーナス（900円）の2人分を差し引いた額3600円に1・39を掛けた5004円が、あなたのボーナス額になる。

あなたはAさん、Bさんをスポンサリングし、A、BさんがPVを獲得したため、Yさんの収入を上回ることになる。直接スポンサーしたグループを増やしながら製品の流通量を増やしていけば、あなたはあなたのスポンサーの収入を超えることが可能。しかし、あなたが消極的だとグループのディストリビューターに逆転されることもある。

頑張る人が「報われる」システム

(PV:BV=1:1.39)

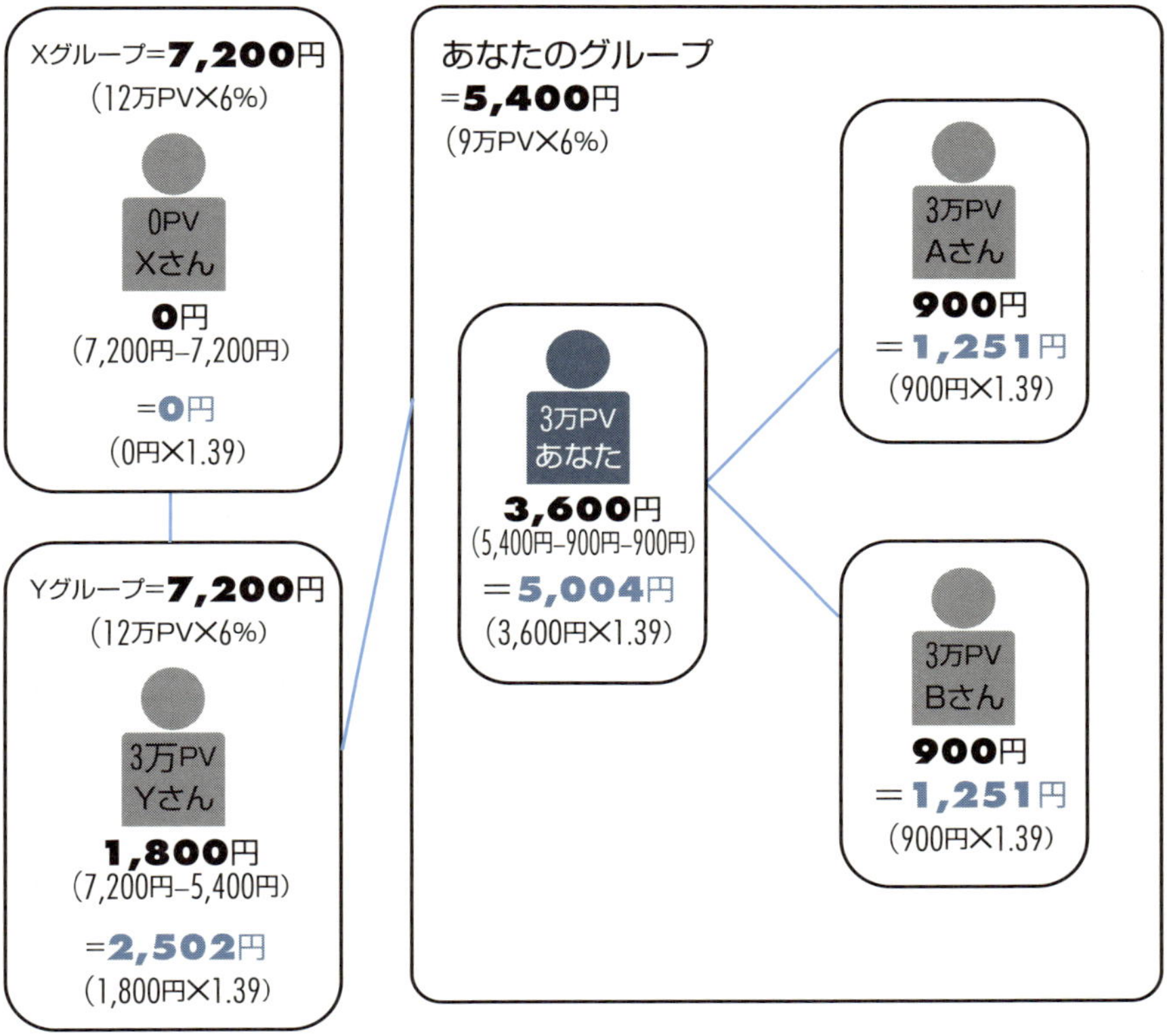

成績別ボーナス・スケジュール

PV	率
150万PV〜	21%
100万PV〜	18%
60万PV〜	15%
36万PV〜	12%
18万PV〜	9%
9万PV〜	6%
3万PV〜	3%
0PV〜	0%

48

セールス&マーケティング・プラン④

150万PV達成と300万PV達成

アムウェイのビジネスでは成績によってボーナスが支給され、ボーナスのレートも実績次第で変わる。ここではそのボーナス体系の中で、最高の21%が獲得できる「150PV」以上をあなたのグループが達成した場合の配分について見てみよう。

例えばあなたの努力が実り、あなたのグループに5つのグループができたとする。そして、あなたもグループの方々が活動しやすいようにするなど育成を惜しまなかった結果、あなたのグループの成績は最高ボーナス21%が獲得できる150万PVを超えた。

例えばその実績の内訳について、あなたのグループの中でAさんのグループは50万PV、Bさんのグループが40万PV、Cさんのグループが30万PV、Dさんのグループが20万PV、Eさんのグループが10万PVだったと仮定して話を進める。

あなたはグループを形成して3万PVを獲得しているから、あなたのグループの成績別ボーナス合計金額は153万PV×21%で32万1300円となる。ここから、あなたの各グループに支払うボーナスを差し引いていくことで、あなたの成績別ボーナスが算出される。各グループの成績別ボーナスは、Aさんのグループは50万PVを達成しているから（50万PV×12%=アムウェイのボーナス体系による比率）で6万円、同じようにBさんのグループは40万PVだから（40万PV×12%）で4万8000円、Cさんのグループは30万PVだから（30万PV×9%）で2万7000円、Dさんのグループは20万PVだから（20万PV×9%）で1万8000円、最後にEさんのグループは10万PVだから（10万PV×6%）で6000円というような計算になる。

このように、あなたの各グループに支払う成績別ボーナスの合計は15万9000円となり、全体の成績別ボーナス合計の32万1000円から差し引くと、あなたの成績別ボーナス額が算出される。その金額は16万2300円となる。あなたが受け取るボーナスは、調整係数1・39倍を掛けて、22万5597円となる。

まさに、製品を積極的に販売したりスポンサリングしたりするなど、努力した人がキチンと報われるような成果報酬の仕組みとなっている。

あなたのグループが150万PV以上を達成した場合

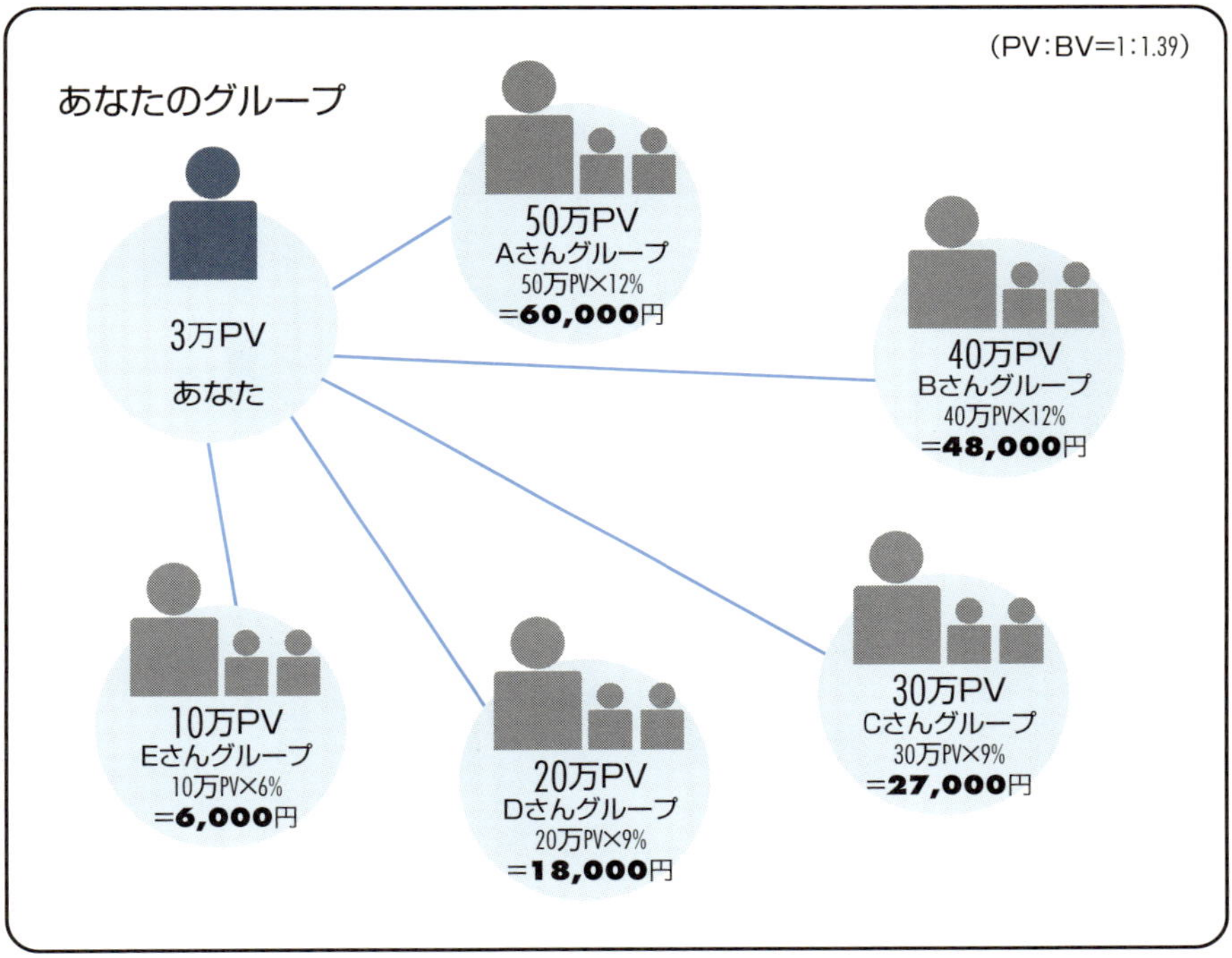

成績別ボーナス・スケジュール

PV	率
150万PV～	21%
100万PV～	18%
60万PV～	15%
36万PV～	12%
18万PV～	9%
9万PV～	6%
3万PV～	3%
0PV～	0%

あなたのグループの成績別ボーナス合計金額：

153万PV＝21%

153万PV×21%＝　**321,300**円

各グループに支払う
成績別ボーナス合計金額＝　**−159,000**円

あなたの成績別ボーナス　**162,300**円

162,300円×1.39＝　**225,597**円

49 グループの独立を支援してボーナスを得る

セールス&マーケティング・プラン⑤

アムウェイでは、あなたがスポンサーしたグループが21%以上の成績別ボーナスを獲得するまで成長すると、そのグループはあなたのグループから独立する格好になる。この項ではあなたがグループ育成を行った努力に対し、ボーナスが支払われることを説明しよう。

まず、グループから独立する、とはどのようなことを指すのか。

あなたがスポンサーしたAさんのグループは成績別ボーナスの最高額を達成した。その結果、Aさんのグループはあなたのグループから独立し、その実績は成績別ボーナスを計算上、あなたのグループには加算されない。

そこで、アムウェイではあなたのグループ育成の努力とその実績に対し、成績別ボーナスとは別にリーダーシップ・ボーナスを支払うことにしている。

ただリーダーシップ・ボーナスの受給資格は、「あなたが成績別ボーナス21%を達成したグループをスポンサーし、かつあなたが有資格SPを達成すること」となっている。また受給額についても、「成績別ボーナス21%を達成したグループのBV合計に対する4%を、あなたの有資格SPのタイプに応じて全額または一部受給できる」となっている。

それでは、あなたのグループの中から21%を達成して独立した場合、あなたの収入が実際にどうなるか見てみよう。

あなたの成績別ボーナスに、リーダーシップ・ボーナスを加えた額があなたの収入になる。

21%を達成したAさんのグループからのリーダーシップ・ボーナス額は150万PV×4%×1・39だから8万3400円となる。前項で見たように、あなたのグループが150万PVを達成した場合のあなたの成績別ボーナスは16万2300円×1・39だから22万5597円。これに、リーダーシップ・ボーナスの8万3400円を加えた30万8997円があなたの収入合計になる。

いわば、あなたはスポンサー活動を行い、グループ育成を積極化すればするほど、ボーナスが加算される仕組みである。繰り返しになるが、消極的な人も積極的な人にも均等に報酬が分配されるのではなく、汗を流したり知恵を絞ったりした人が報われ、報酬を受け取る米国流の仕組みになっているのである。

あなたのグループから独立したグループができた場合

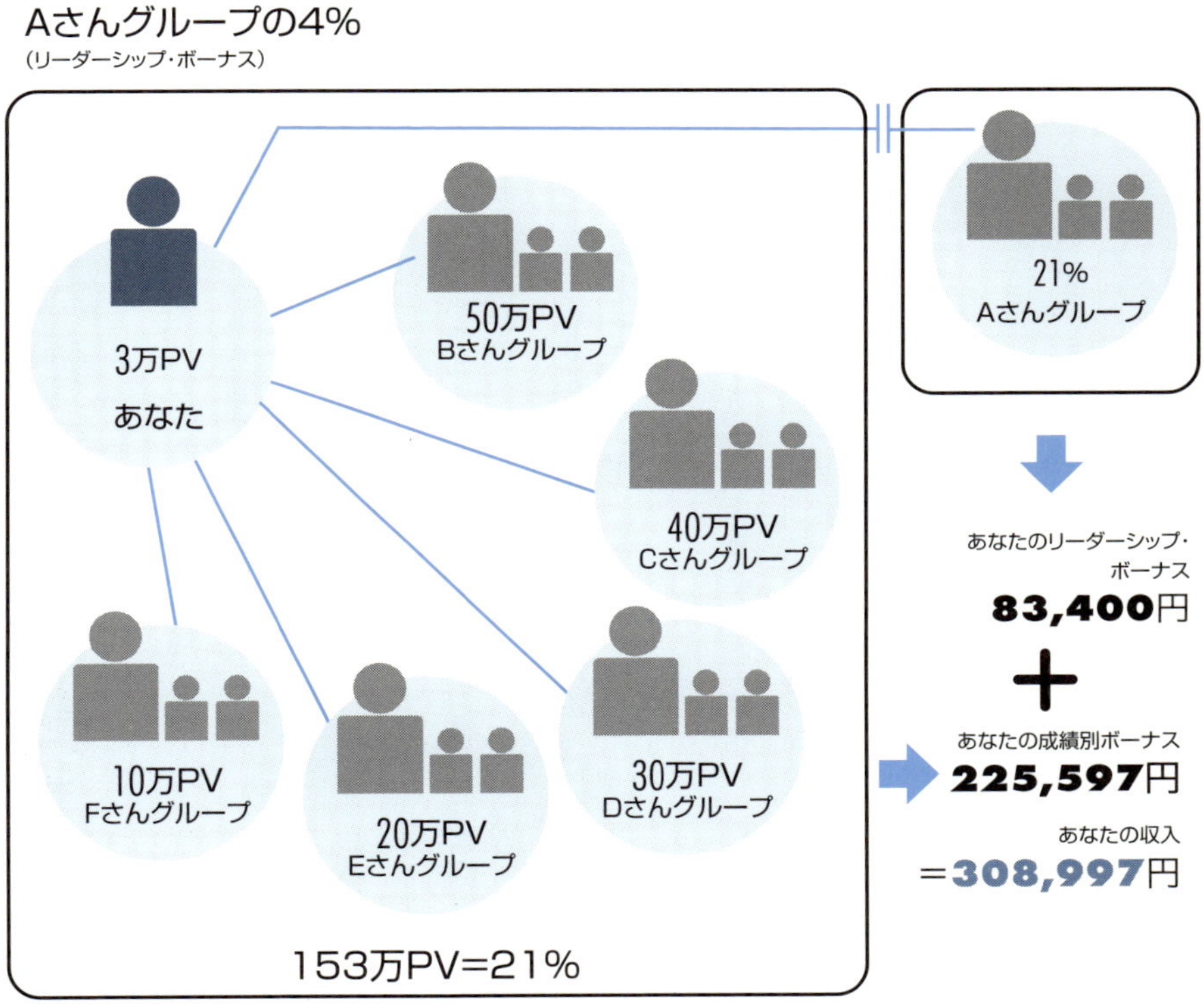

リーダーシップ・ボーナスの収入の逆転

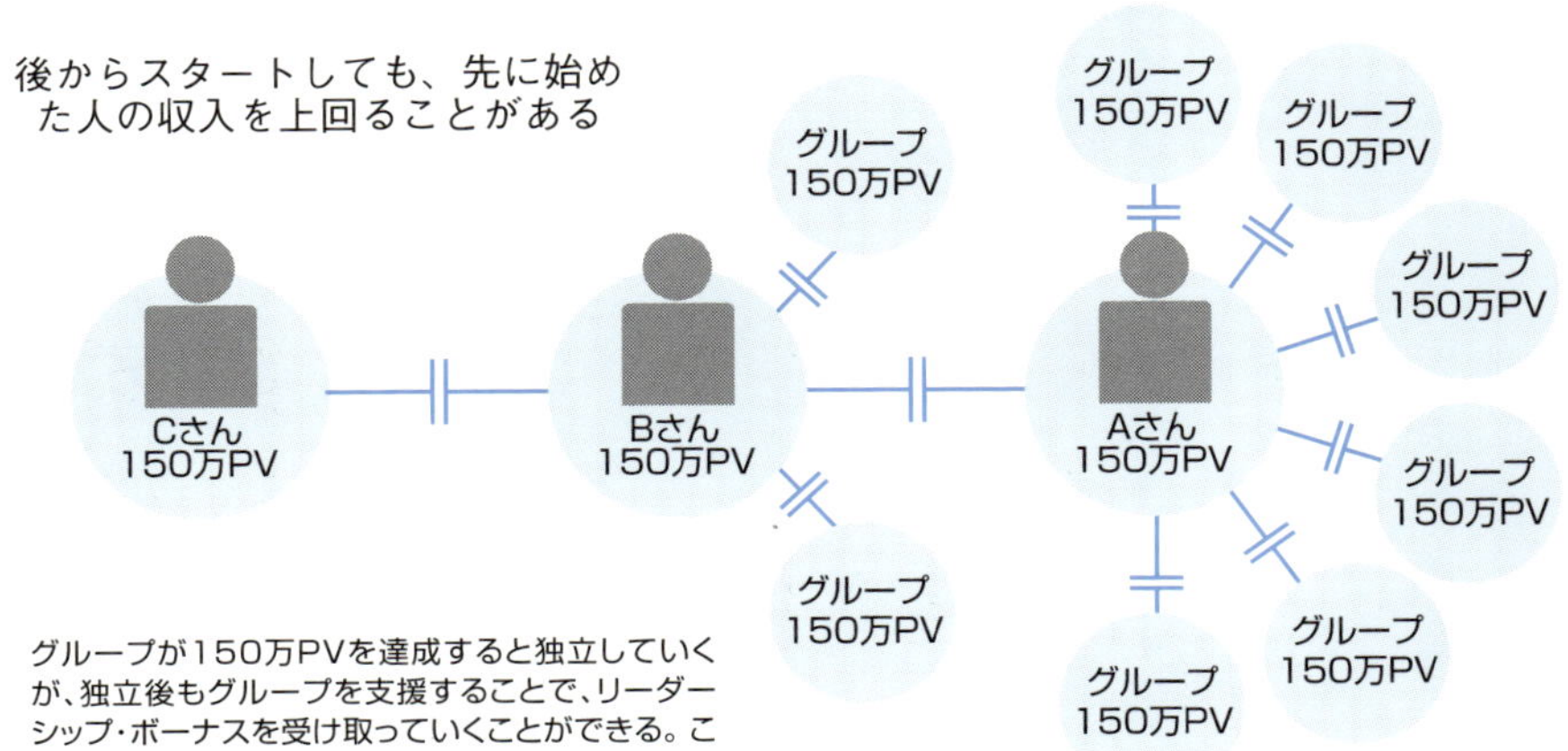

グループが150万PVを達成すると独立していくが、独立後もグループを支援することで、リーダーシップ・ボーナスを受け取っていくことができる。この場合、収入はAさんが一番多くなる

50

ピン・レベルの上昇によりボーナスが発生

セールス&マーケティング・プラン⑥

アムウェイでは、その人の努力に報いるため実績に応じて「ピン・レベル」と呼ばれる資格、称号が与えられる。ピン・レベルはそれぞれの実績を達成した後、一定の資格審査などを経て正式に認定される。

最初に目指すピン・レベルは「SP（シルバー・プロデューサー）」だ。これは次の3つのうち、いずれかを1カ月達成していることが条件となる。

①あなたのパーソナル・グループが150万PV以上を達成した場合。パーソナル・グループとは21％の独立グループ系列を除いたグループのこと

②あなたから21％グループが1系列以上独立し、あなたのパーソナル・グループが60万PV以上、150万PV未満の場合

③あなたから21％グループが2系列以上独立し、あなたのパーソナル・グループが60万PV未満の場合

このSPの条件を12カ月のうちに3カ月間達成すると「GP（ゴールド・プロデューサー）」、6カ月間以上達成すると「DD（ダイレクト・ディストリビューター）」となる。

さらに、150万PVではなく倍の300万PVを達成したDDは「ルビーDD」というピン・レベルとなり、ルビー・ボーナスも支払われる。また、9月から8月までの日本アムウェイの会計年度の中で12カ月すべてSPの条件を達成すると「ファウンダーズDD」というピン・レベルが与えられる。ここから先は、何系列、グループの人を独立させたかによってピン・レベルが上がっていく。

3系列のグループが1会計年度中に6カ月以上、21％を達成していると「エメラルドDD」、6系列で「ダイヤモンドDD」、9系列だと「エグゼクティブ・ダイヤモンドDD」となり、最高のピン・レベル、「ファウンダーズ・クラウン・アンバサダーDD」まで続く。

ピン・レベルが上がることによりエメラルド・ボーナス、ダイヤモンド・ボーナス、エグゼクティブ・ダイヤモンド・ボーナスといった新たなボーナスが用意されている。

また、新しいピン・レベルを達成するとアムウェイでは表彰を行う。金銭だけでなく、その人の努力と実績を称え、祝うためだ。「報われること」という創業者の理念の表れと言える。

グループの独立を支援した場合の達成資格

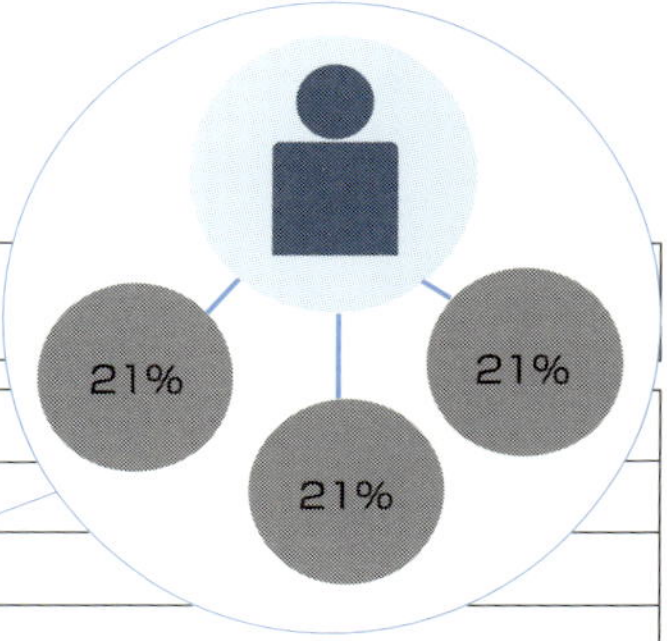

独立系列	FAA レッグ・クレジット	ピン・レベル
2	—	サファイアDD
2	—	ファウンダーズ・サファイアDD
3	—	エメラルドDD
3	—	ファウンダーズ・エメラルドDD
6	—	ダイヤモンドDD
6	8	ファウンダーズ・ダイヤモンドDD
9	10	エグゼクティブ・ダイヤモンドDD
9	12	ファウンダーズ・エグゼクティブ・ダイヤモンドDD
12	14	ダブル・ダイヤモンドDD
12	16	ファウンダーズ・ダブル・ダイヤモンドDD
15	18	トリプル・ダイヤモンドDD
15	20	ファウンダーズ・トリプル・ダイヤモンドDD
18	22	クラウンDD
18	25	ファウンダーズ・クラウンDD
20	27	クラウン・アンバサダーDD
20	30	ファウンダーズ・クラウン・アンバサダーDD

ルビーDD
パーソナル・グループと系列下位の21%に達していない
SP・GPのグループを含めた全体で300万PV以上

ファウンダーズDD
1会計年度内12カ月すべて有資格SPを達成

ファウンダーズ・ルビーDD
1会計年度内12カ月すべてルビーDDの実績を達成

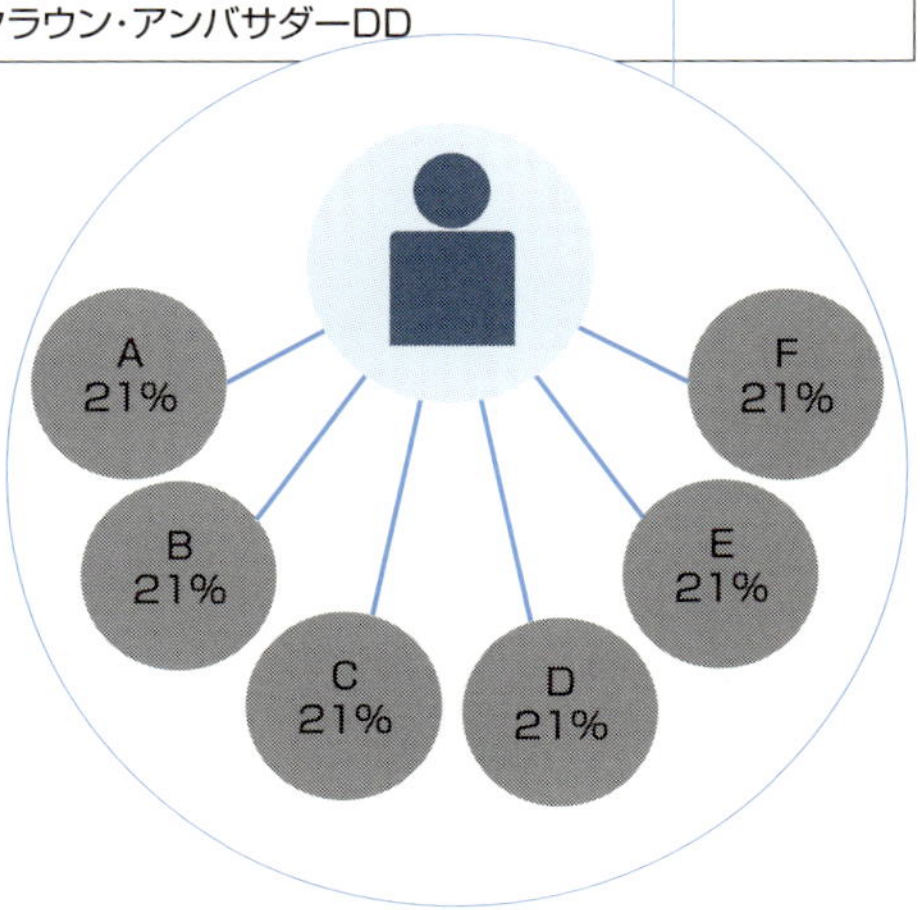

51 海外インセンティブ・セミナー①

一定の実績を達成すると、海外へ

アムウェイでは一定の実績を達成するごとに海外インセンティブ・セミナーが用意されている。会計年度の実績に応じて招待される。毎年、世界各国を対象にしており、憧れの地で参加資格を達成した人々が努力と功績をたたえるとともに、参加者同士の交流も深まる特別な旅と言える。海外インセンティブ・セミナーは、単なる物見遊山ではなく現地でビジネスセミナーも開かれ、ビジネスと観光を両立させて充実した内容が特徴である。

海外インセンティブ・セミナーはさまざまな種類が行われているが、ここではまず「リーダーシップ・アチーブメント・セミナー」への参加資格がどうなっているかを見てみる。アムウェイでは「SP（シルバー・プロデューサー）」という資格の上位に「DD（ダイレクト・ディストリビューター）」という資格があるが、このDD以上に認定され、なおかつ所定のリーダーシップ・セミナー・ポイントを達成した人から参加できるようになる。

2009年からのリーダーシップ・アチーブメント・セミナー（LAS）開催地を紹介すると、09年がフランス・パリ、10年がハワイ・ホノルル、11年が中国・上海、12年がシンガポール、13年が豪華客船による地中海クルーズ、さらに14年が米ラスベガスだった。ちなみに日本アムウェイ30周年がパリ、35周年がラスベガスだった。

いずれもアムウェイが独自に調査、企画したオーダーメイドの旅。特別な趣向を凝らしたプログラムで個人旅行では味わえない旅と体験があるという。招待者専用のデスクを設置し、準備をサポートするほか、現地ではアムウェイスタッフとホスピタリティ・デスクが個人旅行では経験できないホスピタリティを提供するという。

リーダーシップ・アチーブメント・セミナーへの参加者は観光やショッピングなどのアクティビティを楽しむのはもちろん、ビジネスセッションと呼ばれるセミナーに出席し、次の目標を定めてモチベーションを高めていく。また、開催中のメインイベントと言えるパーティー「グランドバンケット」で参加者と最高の時間を共有することができる。

リーダーシップ・アチーブメント・セミナーは日本中から約2500人の参加者になる。参加者の数を見ても、努力した人の多さやまた全国に広がるアムウェイスケールの大きさがうかがえる。

リーダーシップ・アチーブメント・セミナー（LAS）

リーダーシップ・アチーブメント・セミナーは、所定のリーダーシップ・セミナー・ポイントを達成したDDが参加するセミナー

14年12月米ラスベガス開催時のホテル
（アリア リゾート＆カジノ）

13年はローマ発の地中海クルーズを開催

グランド・バンケット会場（地中海クルーズ）

ビジネス・セッションの様子（地中海クルーズ）

リーダーシップ・アチーブメント・セミナー（LAS）過去開催地

<table>
<tr><td>2006年</td><td>香港</td></tr>
<tr><td>2005年</td><td>シンガポール</td></tr>
<tr><td>2004年</td><td rowspan="2">ハワイ・ホノルル</td></tr>
<tr><td>2003年</td></tr>
<tr><td>2002年</td><td>カナダ・バンクーバー</td></tr>
<tr><td>2001年</td><td>ハワイ・ホノルル</td></tr>
<tr><td>2000年</td><td>ハワイ・ホノルル</td></tr>
<tr><td>1999年</td><td>オーストラリア・ゴールドコースト</td></tr>
</table>

2014年	アメリカ・ラスベガス
2013年	地中海クルーズ
2012年	シンガポール
2011年	中国・上海
2010年	ハワイ・ホノルル
2009年	フランス・パリ
2008年	アメリカ・サンディエゴ
2007年	ハワイ・ホノルル/グアム

52 海外インセンティブ・セミナー②

達成者の努力を称えるセミナー

アムウェイには前項で紹介した「リーダーシップ・アチーブメント・セミナー」のほかに、販売やスポンサー活動に応じて付与されるピン・レベルに対し、多数の海外インセンティブ・セミナーが用意されている。

例えば新たに「エメラルドDD」の資格を認定された人を対象にした「ニュー・エメラルド・セミナー」がある。これまで米カリフォルニアやインドネシア・バリ島のほか、日本国内での高級ホテルを貸し切って開催してきた。2015年からは米国エイタのアムウェイ本社で開かれることになった。

その上の「ダイヤモンドDD」の資格を認定された人を対象にした「ジャパン・ダイヤモンド・カウンシル」。最近の開催実績としては2010年ニュージーランド、11年ベトナム・ハノイ、12年ニュージーランド、13年イタリア・ローマ、14年フィリピンのボラカイ島などである。

さらに「エグゼクティブ・ダイヤモンドDD」以上の資格を認定された人に向けた「エグゼクティブ・ダイヤモンド・カウンシル」になると、開催地も豪華で多彩になる。

ここ数年の「エグゼクティブ・ダイヤモンド・カウンシル」の開催地はインド洋にあるモルディブ島、英ロンドン、トルコのイスタンブール、メキシコ・リビエラマヤ、さらにドイツ・ミュンヘンなどだった。ちなみに、2014年度会計年度の対象で15年2月出発の「ジャパン・ダイヤモンド・カウンシル」ではボラカイ島、宿泊ホテルは「シャングリ・ラ　ボラカイリゾート&スパ」だった。4月に出発予定のエグゼクティブ・ダイヤモンド・カウンシルは「アラブ首長国連邦のアブダビ」で宿泊ホテルは「エミレーツ・パレス」となっている。

ピン・レベルでも最上位のクラウン・アンバサダーDDの資格に認定された人を対象にしたセミナーは「ファウンダーズ・カウンシル」で、いわば海外インセンティブ・セミナーの最高峰。世界各国のトップが参加する国際ビジネス会議の様相だ。

15年会計年度実績のインセンティブ・セミナーの開催地はハワイ・ホノルル、米南カリフォルニア、スウェーデン・ストックホルムで開催される見通し。周年の節目の年には特別なプログラムも用意される。海外インセンティブ・セミナーはアムウェイの特徴であり、魅力のひとつでもある。

ジャパン・ダイヤモンド・カウンシル

ジャパン・ダイヤモンド・カウンシルは、ダイヤモンドDD以上の資格を達成したディストリビューターが参加するセミナー

14年の開催地はフィリピン・ボラカイ島

13年ローマ開催時のフェアウェル・パーティ

エグゼクティブ・ダイヤモンド・カウンシル

エグゼクティブ・ダイヤモンド・カウンシルは、エグゼクティブ・ダイヤモンドDD以上の資格を認定された人などに向けたセミナー

14年(会計年度)アブダビ開催時のホテル
(エミレーツ・パレス)

13年はドイツ・ミュンヘンで開催。世界屈指のホテルに宿泊するのも海外インセンティブセミナーの醍醐味

53 サポート体制①

ITを中心とした充実のサポート体制

アムウェイのビジネスはディストリビューターが顧客に直接販売する方式。このため、ビジネスを展開していく上での情報をどう入手するかということがある。もちろん、グループのトップラインやディストリビューターにアドバイスを受けたりすることもできるが、日本アムウェイとしても、サポート体制を充実させている。

現在、ディストリビューターに対するサポートは「eコマースサイト」に重点が置かれているが、年間6回発行している独自の情報誌「Amagram（アマグラム）」という媒体もある。日本アムウェイの〝今〟や、ディストリビューターの経験談などを発信し同社とディストリビューターをつなぐコミュニケーションツールとなっている。

現在、中心となっているコミュニケーションツールはパソコン向けのサイトやスマートフォン、携帯電話向けのサイトである。「ツイッター」や「フェイスブック」、「ユーチューブ」などソーシャルメディアの活用も積極的に行っている。

まず、ウェブサイトのページを紹介したい。アムウェイ「公式サイト」はアムウェイビジネスを理解する上での企業の概要や製品の紹介など総合的なサイトだ。

ディストリビューター向けのサイトは目的別に細分化されている。「Amway Live（アムウェイライブ）」は製品販売とビジネス活動を支援するサイト、全国の販売ショールーム拠点であるアムウェイプラザと連動したサイト「Amway plaza」というサイトは製品を購入したり、イベントに参加してもらうためにイベント情報を知らせたりする。またこのサイトには他のディストリビューターとの情報交換をするためにミーティングルームの予約をできるなどの機能もある。

アムウェイ製品を使用したさまざまな料理レシピを調べるサイト「recipe collection」、さらにアムウェイの主力製品であるサプリメントの「ニュートリライト」、化粧品の「アーティストリー」のサイトもある。製品の特徴や製法などがわかる。このほか、社会貢献活動状況がわかるサイトや、携帯に特化し発注やビジネス活動促進ツール「Amwaylive mobile」なども ある。さらにフェイスブックやツイッターを活用して企業情報、製品情報、イベント開催情報なども発信している。

相談ホットラインでサポート

解約・返品専用ダイヤル
0120-88-33-44 [月~土] 9:00~17:00 (日・祝日はサービス休止)

相談ホットライン
0120-123-777 [月~土] 9:00~17:00 (日・祝日はサービス休止)
携帯電話はこちらへ 0570-064-007

eコマースサイト「アムウェイライブ」

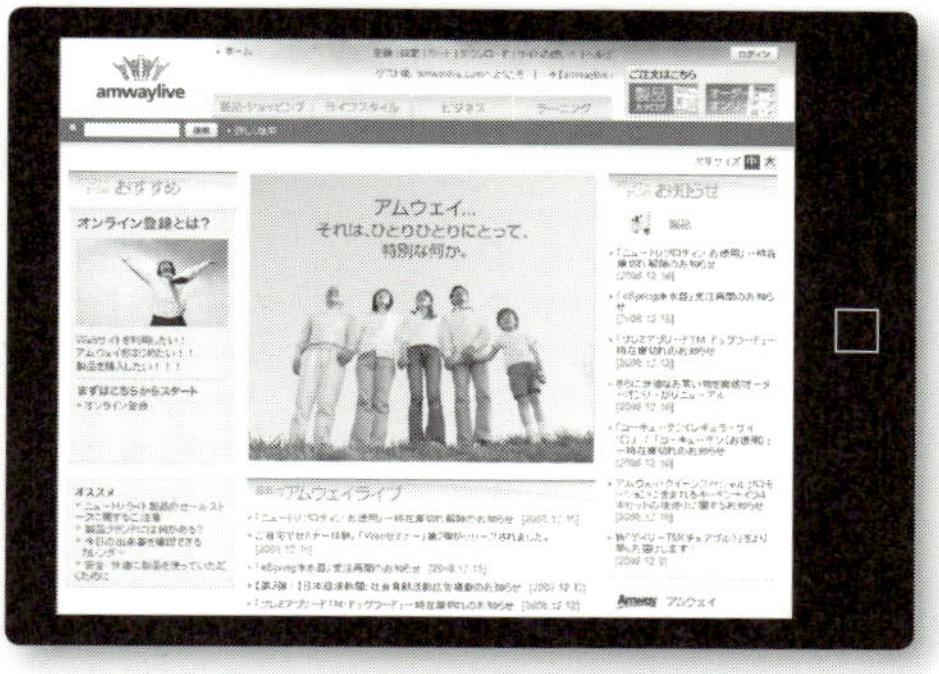

ビジネスをサポートするために
さまざまなコンテンツが用意さ
れている

内容充実のカタログ

各種製品のカタログには、製品情報のほか、使用方法や特徴のアピールの仕方なども掲載

54 サポート体制②
健全なビジネスを行うためのセミナーを多数用意

日本アムウェイでは、ディストリビューターが健全で安定的にビジネスを行えるよう多数のセミナーやミーティング、オンライントレーニングを開いている。ビジネス活動を行うディストリビューターには登録時からビジネスリーダーになるまで段階的に関連法規や必要な知識、スキルを習得できる場を用意する。

ディストリビューターがスポンサリングする際には必ず「スポンサー活動資格」の取得を義務づけている。アムウェイ・ビジネスを行うに際しての関連法規や模範となる行動をテキストで学んでもらい、テストに合格する必要がある。2014年12月からは毎年の更新が必要となり、最新の関連法規の理解をしてもらうようにした。

ディストリビューターは実績に応じて資格（ピン・レベル）を獲得できるが、重要な段階ではセミナーの受講と資格テストへの合格が義務づけられている。SP（シルバー・プロデューサー）は毎月開催される「ニューSPセミナー」に参加し、確認テストに合格する必要がある。「ニューSPセミナー」では、関連法規とともにアムウェイの理念や、目標設定の重要性などを理解するプログラムが用意されている。さらにSP達成後、所定の条件を満たすとDD（ダイレクト・ディストリビューター）の資格を得るが、正式認定のために「New DDセミナー」への参加とテストでの合格が必要だ。「New DDセミナー」は東京近郊のホテルに全国から資格者を招き、定期的に開催している。

リーダーに必要な関連法規や知識、スキルアップの研修を行い、マネジメントや成功を収めたディストリビューターのプレゼンテーションにより目標達成に向けてモチベーションを喚起する。DDとして正式認定されるには、アムウェイが展開する50カ国以上の経験を集約した「全世界共通テスト（DD資格認定試験）」に合格する必要がある。

製品については気軽に製品を試せる体験型セミナー「アムウェイ プロダクトセミナー」を全国で開催している。各地域のホテルで開いており日本アムウェイトレーナーやメイクアップアーティストによる製品紹介やトライアルコーナー、デモンストレーションなども用意している。特にニュートリライト、アーティストリーの基幹ブランドはビジネスをしているディストリビューターのための「正しい製品知識」習得のための研修セミナーも開いている。

New DDセミナー

DD資格認定試験に合格できるようにさまざまな情報を提供

製品セミナー

ビューティーやウェルネスなどの製品知識を高めるためのセミナー

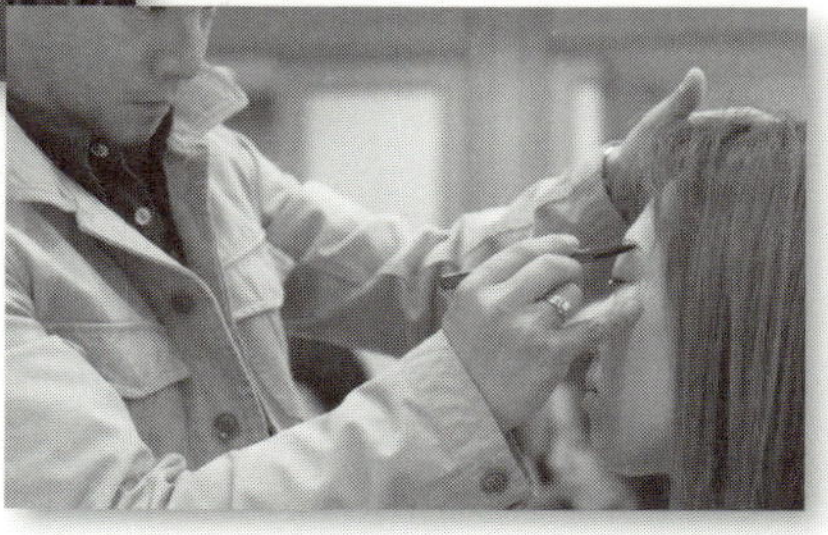

COLUMN

たくさんの人の「リアルな夢の実現」を応援したい

サファイアDD　宮村美智子さん

外資系のエンターテイメント企業に勤務しながらアムウェイのビジネスを展開し、子育てもしていたのですが、アップルの創業者スティーブ・ジョブスの「もし今日が自分の人生最後の日だとしたら、今日やる予定を私は本当にやりたいだろうか？」という言葉に感銘を受け、私が今まで経験したことを少しでも多くの人に伝えられたらと思い、エンターテイメント会社を辞めて専業で始めました。

私の時間を「ファンタジックな夢の応援」から「リアルな夢の応援」に使おうと思ったからです。そして私たちのグループにいつも伝えているのは、「自分の足で自分らしく生きていける手段を持った方がいい」、「男前の女になろう(笑)」ということです。

私自身、以前は超がつくほどのマイナス思考でした。けれども、このビジネスに身を置いて携わっている人たちや成功した方々に接し、自分自身がとても変化しましたし、子どもたちにも良い影響を与えることができたのではないかと思っています。

子どもたちは何でもできる子に育ちました。もともと産んだ時からひとつの人格として育てようと思っていたのですが、アムウェイのビジネスを始めたことで子育ての方針が明確に決まったのだと思います。もし、このビジネスをしていなかったら、何でもできる子になっていなかったし、子どもたちの判断力や決断力も醸成されなかったかもしれません。

また、手に入るものがわかっていたので、子どもたちに我慢をさせているとは思いませんでした。むしろ、子どもたちのこういうことをやりたいという意欲を、お金がないという理由でできなくなる方がつらいですね。これからも、もっともっとたくさんの人の「リアルな夢の実現」を応援していきたいです。

第4章

アムウェイの生い立ち

アメリカンドリームを実現した2人の創立者

堅固なパートナーシップ

米国ミシガン州のエイダにアメリカンドリームを抱いた2人の青年がいた。アムウェイを創立した、ジェイ・ヴァンアンデルとリッチ・デヴォス。2人の出会いは1940年、ジェイが16歳、リッチが14歳の時。お互いの経済的理由からA型フォードに相乗りして通学するという取り決めが、いわばアムウェイの出発点となった。それから59年にアムウェイを設立してからも、2人は出会いの時と変わらぬパートナーシップを持ち続けた。しかも2人の子息はまた、アムウェイの共同経営者になるという世界的に見てもまれな経営形態を続けている。こうした関係はビジネスの世界では珍しい。パートナーシップは多くの場合、「わがままや貪欲さ、裏切りによってひびが入ることがある」（リッチ）が、アムウェイを創立した2人は固い友情と共通する信仰心が土台となり、関係を維持し続けてきた。

アムウェイが現在世界100以上の国と地域で展開され、約118億米ドルの売上高を上げるまで成長しているのも、創立者2人とそれを受け継いだ2人の子息の固いパートナーシップがあったからこそ。ここではアム

アムウェイの共同創立者、ジェイ・ヴァンアンデル（左）とリッチ・デヴォス

ウェイの生い立ちを振り返って、創立者の2人がアムウェイを創業するまでに何を考え、創業後いかに事業を発展させてきたかを見ていこう。

原点は航空機ビジネス

創立者2人のビジネスの原点は、実は現在のアムウェイとはまったく関係がない「航空機ビジネス」だった。

第二次世界大戦後、米国ではちょっとした航空機ブームのようなものが起こった。このブームをとらえ、学生時代から親友だった2人は航空機関連の会社を興すことにした。

2人乗りのパイパーカブを購入、主要な業務は操縦を教えることだったが、乗客を乗せたり、団体客を輸送したりもした。しかし、2人は初めから困難に遭遇する。あてにしていた飛行場が使えなかったのだ。悩んだ末、2人はなんと水上飛行機に改造してグランド川を滑走路として使うことにした。

彼らはその後もいろいろな困難に遭いながらも、事業を始めて2年後には飛行機の操縦教習所、チャーターサービス、船のレンタルおよびチャーターサービス、そ

アムウェイ・ビジネスの原点は航空機ビジネスだった

してレストランの経営などを展開。飛行機12機、パイロット15人を擁するに至り、ミシガン州でも有力な航空輸送事業者のひとつになった。

初めての事業から学んだ3つの教訓

2人はアムウェイを始める前、このビジネスを通じていろいろなことを学んだと振り返っている。まず、2人は「即席で急場をしのぐこと」を学んだ。飛行機の滑走路がなくても、水上飛行機を改造してやり遂げるなど苦労したが、それは後に「途中でトラブルがあっても決してあきらめずに、工夫して対応すること」につながった。

リッチは「懸命に働くこと。ねばり強さ。そして臨機応変に対応することの大切さ。何よりも第一の教訓として、企業を経営するということは、思いもよらぬ問題が次から次へと絶え間なく起ころうとも前進を続けることだ」と述懐している。さらにリッチは「決断の時」というスピーチでこうも述べている。

「『きっといつかは』『こうなりさえすれば』などと言っているうちは、決してチャンスは訪れない。具体的な行動を起こすしかない」

つまり古くからの友人だった2人は新しい事業を立ち上げた。しかし操縦の知識はない。一見、無謀とも思えるが、「まず、やってみること」。御託《ごたく》を並べ立てても何も前進しない。また、知識がないゆえに努力し続けなければならないということを体得した。

もうひとつ、初めての事業で学んだ重要な教訓は、「現場に干渉しないで、他の人々に最善を尽くしてもらうことだった。肝心なのは責任を委譲すること」。ジェイはこう話しているが、これこそがまさにアムウェイ・ビジネスの原点とも言える。

2人が得た3つ目の教訓は「まだ他人が眠っている間やテレビを見ている間に懸命に働き、しかも頭を使って働く」ということだった。「忍耐と信念のみが万能なのだ」（ジェイ）という言葉は永遠の真理であろう。

南米旅行で活力の源泉となる自由の尊さを実感

航空機事業が軌道に乗り3年が経過した頃、2人は1年間仕事を休み、南米旅行に出発した。ブラジル、ベネズエラ、コロンビア、アルゼンチン、さらにウルグアイなど南米諸国を回った。

南米各国の経済事情などをつぶさに見た2人は「政府の統制が強すぎる国々の人々の生き様は、私たちに自由経済の大切さを教えてくれた」と振り返っている。この経験こそが、彼らのその後の人生に大いなる影響を与えたとも語っている。

そんな思いを強くしたエピソードがある。当時のアルゼンチンの社会主義者ファン・ペロンの独裁政権を見た時だ。49年当時のアルゼンチンは警察国家だった。武装した男が至るところで目を光らせ、国旗があちこちで翻《ひるがえ》っていた。ペロンは市民の基本的な自由を抑圧し、アルゼンチンはローマカトリック教会を裏切り、ほとんど機能していないペロン主義の経済政策のために長期の景気低迷に突入したが、それはペロンが農民や労働組合を満足させようと、価格固定制や保護貿易主義を訴えたからだ。

いわばアルゼンチンはひどい統制の政治体制下で競争力を失ってしまったのである。長くひどいインフレがアルゼンチンを苦しめたのは歴史が証明しているが、2人は南米の国々の政治体制を見て、いわば現在のアムウェイの原型である「自由企業」という形態構築に強い刺激を受けたのだ。

ジェイは著書（「わが起業家人生」日経BP企画、1999年）の中でこう語っている。

「今でこそ改善されているが、当時（2人が旅行をした頃）は南米各国の政府が長年にわたり、国民に自分たちの能力を自由に発揮する機会を与えなかった。南米の国々では法の下で平等という原則を拒み、重税を課して中産階級を事実上排除してしまった。堕落した官僚支配の政府と政府規制の重圧が経済成長を圧迫、何百万人の国民を貧しくしている」

自由の尊さ、活力の源泉としての自由を2人は見聞きし実感した。これこそが、今に至るアムウェイ・ビジネスの原型となっているといっても過言ではない。

2人はその後、輸入業を営むかたわら、アイスクリームの販売や木馬の製造・販売、焼き菓子の卸・小売業などといろいろな事業に手を染めた。ジェイは後に「南米から戻ってきて始めた、こうしたすべての事業から私たちは、後になってアムウェイで利用することになるビジネスについてさまざまなことを学んだ」という。いくつかの経験がアムウェイをビッグビジネスに育てる肥やしになったとも言える。

マルチレベル・マーケティングとの出会い

2人と「マルチレベル・マーケティング（MLM）」と出会うキッカケは意外なところで進行していた。というのも2人が南米を旅行している間に、ジェイの両親が「ニュートリライト」という栄養補給食品を又従兄弟から買っていた。両親はその栄養補給食品を常用するようになっていて、旅から帰ったジェイにこの食品を両親が勧めたという。

さらに又従兄弟から、このニュートリライトの製品とダイレクトセリング（直接販売）の詳しい話を聞いたジェイは、「この商売はこれといった投資は必要なく、リスクもなかった。ニュートリライトは私が求めていたビジネスのように思えた」と述懐している。

ニュートリライトの販売手法はいわばMLMの原型。ダイレクトセリングを基本に口コミで販売する仕組みになっていた。ただ、現在のようなディストリビューターがディストリビューターをスポンサリングする形態にはなっていなかったが。

しかし、ついに、今日に至るアムウェイへの道が開かれる瞬間が来た。ジェイは親友のリッチにニュートリラ

ニュートリライトの製品やビジネスの仕組みに惹きこまれ、ジェイとリッチの2人はディストリビューターとなった

イトの製品や仕組みについて話した。するとリッチも惹き込まれ、2人はニュートリライトのディストリビューターになった。

ニュートリライトのミーティングに出席した2人はすべての事業を止め、ニュートリライトに専念することを決めた。2人の第一の目標は100人の顧客を獲得することだった。2人の前途は洋々のはずだった。出身地のグランド・ラピッズで広告を打ち、100人を集めるつもりで最初のセールスミーティングを開いた。ところが、出席したのはなんとたったの8人。それも競争相手だったのだ。

しかし悲惨な第1回のミーティングから回を重ねるごとに、徐々に顧客を獲得できるようになり、2人のディストリビューターとしてのビジネスも軌道に乗り始めていく。

成功への確信

彼らはダイレクトセリング産業では新参者だったが、まもなく、いくつかの簡単なルールを守れば成功できることに気づいた。そのルールとは、第一に「製品を信じること」。自分で使ってその製品を信じていれば、顧客にその良さを伝えることができるからだ。

第二に「成功するという信念を持つこと」。基本的な事業の発想が健全ならば、低迷は一時的で短期的な損失は長期的には利益に変わる。

第三に「一個人として直接ビジネスにかかわること」。常に状況を知っていようと思ったら個々の従業員やディストリビューターたちに接すること。2人は当初から従業員との交流を密にするためスピーク・アップミーティングを始めているが、この相互扶助の精神は今でも受け継がれている。

そして、ジェイは身を置いたニュートリライトの組織形態について、このように話している。

「各ディストリビューターは独立した事業主、会社は集権化された組織に最低限必要な機能だけを備えている。ダイレクトセリングによって人間の創造性を最大限に引き出すようになっている一方、研究・生産、その他の分野でスケールメリットを生かした利益を得ている。それが高品質の製品と個人へのサービスという形で顧客に行きわたる」

まさにニュートリライトの仕組みは理想的だった。

ディストリビューターを基本とした販売システムについても、「ディストリビューターの構造は1人ひとりの独立を維持し、協力したり競い合ったりしている。昇進の決め手はマネージャーや副社長に気に入られるのではなく、個人の成果のみに依存している。そして履歴書も面接も学位もいらないし、販売の経験もいらない」

2人はこうしたニュートリライトのやり方が極めて大きく成長するだろうという確信があった。しかし、2人が属していたニュートリライトでは大きな問題が起こっていた。

ニュートリライトは実は2つの会社だった。製品を製造する「ニュートリライト・プロダクツ・インコーポレイテッド」と、ディストリビューター組織を動かす「マイティンガー・アンド・キャッセルベリー」という2つの会社があり、2人はマイティンガーに属していた。

ある時、ニュートリライトは、新しく出した化粧品の販売をマイティンガー経由ではなく、直接ディストリビューターに行ったのだ。そのせいで、マイティンガーとニュートリライトの契約関係はこじれ、また、誰が誰に伝えたかという系列の考え方が守られない事態も起きた。結局、会社に不信感を抱いたディストリビューター組織にも決定的な亀裂が生じるという事態を招いてしまったのである。

アムウェイ興る

このことが引き金となって2人はアムウェイを創立することになるのだが、後に2人に、ビジネスは相互の信頼が大切であることと、MLMにおいてはスポンサー系列を明確に維持することが大事だということを痛感させた。

ディストリビューター組織の中で、ある程度のグループを持ち指導力を発揮していた2人は、58年の夏、自分のグループのトップ・ディストリビューターを集め会議を開いた。そこで新しい製品ラインを開発してアムウェイという新しい会社を興す計画を発表した。当初、ディストリビューターたちから反発を受けるのではないかと2人は不安を抱いていたが、それまでの信頼からか、そこにいた全員が2人の計画に賛同、ここにアムウェイは第一歩を踏み出したのである。

2人は洗剤関連製品に着目した。売りやすい製品を選ぶことでダイレクトセリングに道を切り開いた。これ以来、アムウェイは誰でも扱うことのできる製品を扱うという原則を貫いているが、最初の製品は「フリスク」という細菌分解される濃縮洗剤だった。

これは後に濃縮液体有機洗剤「L．O．C．多目的洗剤」となった。第三者に製造を委託した場合に生じる問題もわかっていたので、当初から自社製造にこだわった。そして2人はついに製造会社の株式50％を取得、現在の世界企業、アムウェイのベースとなった製造会社「アムウェイ・マニュファクチャリング・コーポレーション」を立ち上げた。

新会社の根本方針は今も受け継がれている「セールス＆マーケティング・プラン」だった。ベースはニュートリライトが開発した仕組みだが、個人のインセンティブを高めようとして招いた問題を避けるため、いくつかの重要な変更を加えている。2人は自宅の台所で肉を包むための大きな紙を広げ、「最もよく働いた人にどう金銭による報酬を直接送るか」の検討を重ねた。

2人が開発したプランには、それぞれの事業主が製品を売ったり、あるいはさらに多くの製品を売るための販売組織を作ったりするためのインセンティブがある。ある個人が多く売ればそれだけ多く儲かり、またある個人の販売組織がよりたくさん販売すれば、それだけ多くの個人は儲かる。売らなければ10セントすら手にできない。そんな今に通じるアムウェイの分配の仕組みのアウトラインが出来上がった。そしてスポンサー系列の重要性を当初からベースに置いた。2人にはニュートリライトでの苦い経験から決して轍《てつ》は踏まなかった。

軸がぶれない経営方針

アムウェイは決して裏切らない。今でこそディストリビューターが一生懸命働けば報われることは周知されているが、2人はアムウェイ設立当初から、その原則をかたくなに守ってきた。だからこそ、今、会社とディストリビューターの間には固い信頼関係が築かれていると言っていい。そしてアムウェイ設立から数年後、2人はニュートリライトの経営権を取得するのに十分な株式を取得した。

今の母体となるアムウェイの始まりはつつましやかだった。59年4月現在のアムウェイである「アメリカン・ウェイ・アソシエイション」はジェイの自宅の地下室で業務を始めた。

創立以来の自社製造にこだわる生産方式、働いた人が報われるセールス＆マーケティング・プラン―とアム

1959年、アムウェイはここから始まった

オフィスはジェイの自宅の地下室だった

ウェイの基本は今でもまったく変わらない。扱う製品も生活に必要な消耗品がほとんど。軸がぶれないから、50年間で世界１００以上の国と地域に進出し、売上高約１１８億米ドルという規模を獲得したと言える。

もちろん、現在のアムウェイの姿を築くまでの道のりは平坦ではなかった。時にはピラミッドスキーム、いわゆるネズミ講のごとく誤解も受けた。進出先の国で販売方式をめぐって風当たりが強かったこともあった。しかし、真っ当ではないビジネスは50年もの長い間、続くはずがない。従来の常識を打ち破る先進的な考え方や行為には、とかく抵抗がつきものなのだ。

アムウェイは事業の正当性もさることながら軸がぶれないから、進出先の何百万人というディストリビューターの暮らしを潤し、ダイレクトセリング方式、ＭＬＭとしては世界で最大規模の企業に成長した。社名通り米国ではアメリカンドリームだ。

故郷に錦を飾る

ミシガン州の２人の青年が夢を見て始めた企業が世界企業となった。そして２人は80年代後半以降、米雑誌の「フォーブス」やその他の雑誌で、しばしば億万長者のリストにも載るようになった。

「故郷に錦を飾る」という言葉があるが、２人の郷土愛はとても高い。「グランド・ラピッズを有名にしたい」。若い頃から抱いていたこの想いから地域への再開発にも参加。２人が子供の頃、「一泊する夢を見るのがせいぜいだった」という16年に開業された老舗ホテル「パントリンド」を買収し、「アムウェイ・グランド・プラザ・ホテル」として81年に再開したのである。そればかりではなく、地元の活性化にも先頭に立って取り組み、いわば片田舎だったグランド・ラピッズの名声を高めた。夢が実現した。ジェイは政治の世界でも活躍、地元に多大な貢献をした。

経営は２人の子息に譲られた。しかし２人の築いたビジネススキームや哲学、そして「ＦＲＥＥＤＯＭ（自由）」「ＦＡＭＩＬＹ（家族）」「ＨＯＰＥ（希望）」「ＲＥＷＡＲＤ（報われること）」のアムウェイ創業者の理念は、アムウェイ・グランド・プラザ・ホテルというエイダの金字塔とともに２人の子息に受け継がれている。

COLUMN

会社の人間関係構築はアムウェイのビジネスで学んだ

DD（ダイレクト・ディストリビューター）　**船曳敦也**さん

きっかけは、いつもワクワクするような話を持ちかけてくる信頼できる学生時代の先輩からの勧めでした。製品の圧倒的なクオリティの高さをすぐに理解できたので、最初から製品を使用することに躊躇はありませんでした。だから周りの大切な人にも積極的に製品を勧めました。

このビジネスは時間と場所を選ばず、熱意があれば誰でもチャレンジでき、努力に応じた結果が得られるところが大きな特徴です。私のように大手ＩＴ企業の管理職として多忙にしていても、自分のペースで進められる自由度が大きいのも魅力です。時間的制約のあるビジネスマンでも自分のための時間を作り出す工夫があれば、アムウエイビジネスを構築することは可能です。自身が形成したネットワーク内で消費される経済とグループ活動が、継続的に将来にわたって収入を生み出していくシステムは、むしろ多忙な人に歓迎される形態だと言えます。

アムウェイのゴールデンルールに「自分にして欲しいことを他人にしてあげる」という絶対的考え方があります。「プラス思考、人との信頼関係を築くことの大切さ、周囲への感謝」などネットワークを形成してこのビジネスを推進していく上での考え方は、ビジネスマンとしての資質を向上させる上でも大きな影響を与えてくれました。

勤めている会社以外のコミュニティで有益な情報を得て、豊かな経験を持つことで多くの気づきを与えてもらい、会社とこのビジネスを相互に発展させることが可能なのです。いい組織やチームを作るメソッドは同じです。

どんな優秀なビジネスマンでも、夢や人生をとらえた時にできることの限界の領域があります。その領域にアプローチしたい時、きっと大きな貢献をしてくれるビジネスなのでお薦めします。

ハ

マ

ヤ

ラ

ワ

サ

タ

ナ

索引

数字・英字

ア

カ

ひと目でわかる!
図解 日本アムウェイ 改訂第2版

NDC 335

2009年2月28日 初版 1刷発行
2009年4月30日 初版10刷発行
2015年3月20日 改訂第2版1刷発行

©編者 日刊工業新聞社
発行者 井水 治博
発行所 日刊工業新聞社
東京都中央区日本橋小網町14-1
(郵便番号103-8548)
電話 書籍編集部 03 (5644)7490
販売・管理部 03 (5644)7410
FAX 03 (5644)7400
振替口座 00190-2-186076
URL http://pub.nikkan.co.jp/
e-mail info@media.nikkan.co.jp
印刷
製本 新日本印刷

●DESIGN STAFF
AD ――― 志岐滋行
本文イラスト――― 輪島正裕
ブック・デザイン ― 大山陽子
(志岐デザイン事務所)

●
落丁・乱丁本はお取り替えいたします。
2015 Printed in Japan
ISBN 978-4-526-07398-4 C3034

●取材協力、写真・資料提供
日本アムウェイ合同会社

【参考文献】

「わが起業家人生」ジェイ・ヴァンアンデル著、日経BP企画、1999年
「アムウェイ主義」リッチ・デヴォス著、ダイヤモンド社、1994年